미라클 씽킹

단순한 생각을
멋진 아이디어로
성장시키는

Miracle
Thinking

미라클 씽킹

· 윤태성 지음 ·

시크릿하우스

"나는 왜 창조적인 생각을 하지 못할까…."

만약 당신이 이런 생각을 한다면 지금 당장 고치는 게 좋다. 당신이 몇 살이든 상관없이 창조적인 생각을 할 수 있기 때문이다. 창의력이 나이와 관련 있다고 생각하는 사람도 있지만 실제로는 어떤 주제인지에 따라 다르다. 노벨 경제학상 수상자가 경제학에 영향을 끼친 연구를 한 나이는 주제마다 다르다. 실험경제학자는 55세에서 57세에 창의력이 정점에 도달했다.[1] 이 타입은 경험을 통해 지식을 축적하고 시행착오를 거치면서 문제를 새로운 방식으로 이해한다. 이론경제학자는 25세에서 29세에 창의력이 정점에 도달했다. 이 타입은 수학 이론을 사용해서 기존의 상식에 도전하는 아이디어를 제시한다. 한편, 노벨 과학상 수상자가 가장 중요한 연구를 한 나이는 30세에서 40세 사이가 가장 많았으며 평균 37세였다.[2] 노벨상은 지금까지 이 세상에 없던 생각을 하고 증명한 사람에게 수여한다. 말하자면, 0에서 1을 창조한 사람에게 수여하는 상이 바로 노벨상이다. 노벨상 수상자는 창조적인 생각을 깊이 파고들어 역사에 이름을 남겼다.

경영자는 어떨까? 일론 머스크는 30대 초반에 테슬라와 스페이스X를 설립하고 혁신의 아이콘이 되었다. 소프트뱅크 창업자이며 투자가인 손정의는 19세에 인생 50년 계획을 세웠다. 그리고 60세를 지나면서 200조 원이 훨씬 넘는 규모의 비전펀드를 운영하며 세계 IT 산업을 주도하고 있다. 교세라를 설립한 이나모리 가즈오는 77세에 일본항공 회장으로 취임하고 경영 위기에서 기업을 구했다. 그는 90세에 사망하기까지 경영의 신이라고 불렸다. 훌륭한 경영자는 말하자면, 1에서 100을 만드는 사람이다. 이들은 기술을 개발하고 상품을 만들어 시장에서 이기는 과정을 끊임없이 반복한다. 이 과정에 창조적인 생각이 나오지 않으면 기업은 도산하고 사라지게 된다.

창조적인 생각은 갑자기 툭 튀어나오지 않는다. 어느 순간에 반짝 떠오른 작은 발상을 그대로 두지 않고 시간과 정성을 들여 성장시킨 결과가 창의적인 생각이다. 이런 과정을 '미라클 씽킹'이라 한다. 앞서 소개한 사람들은 모두 미라클 씽킹을 실천했다. 미라클 씽킹은 생각의 균형과 조화를 이루면서 생각을 만들고 성장시키고 표현한다. 미라클 씽킹은 저자가 제안하는 생각 습관이다.

미라클 씽킹은 무엇을 생각하는지가 아니라 어떻게 생각하는지가 중요하다. 먼저, 표현에서 시작한다. 생각은 하고 있지만 내 생각을 표현할 수는 없다고 말하는 사람이 있다. 머릿속으로 큰 그림을 그리고 있다는 사람도 있다. 사실, 이런 사람은 자신이 무슨 생각을 하고 있는지 스스로도 모른다. 머릿속에 떠오른 무엇이 있다면 바로 그 무엇을 글이든 그림이든 눈에 보이는 형태로 표현해야 한다. 그래서 르네상스 시대의 천재인 레오나르도 다빈치는 문득 떠오르는 생각을 모두 글과 그림으로 표현했다. 현대의 발명왕인 에디슨도 반짝이는 생각을 적고 그림으로 표현했다. 에디슨은 천재는 1퍼센트의 영감과 99퍼센트의 노력으로 만들어진다고 했다. 그 1퍼센트의 영감은 에디슨이 남긴 노트에 모두 표현되어 있다. 세계 최대 인터넷 상점인 아마존을 설립한 제프 베이조스 역시 사업의 단서가 될지 모르는 생각을 적고 냅킨에 그림으로 표현했다. 아마존이 크게 성공하자 경영학자들은 베이조스가 그린 그림이야말로 인터넷 사업의 혁신을 가져온 창의적인 생각이라고 평가했다. 많은 생각을 하거나 아직 무르익지 않은 생각일수록 내 눈에 보이게 표현해야 한다. 그래야만 이 생각을 어떻게 성장시킬지 궁리할 수 있다.

내 생각을 내 눈에 보이게 표현한 후에는 내 생각에 이름을 붙인다. 비행기가 없던 시대에 다빈치는 자신의 생각을 그림으로 표현했고 후세는 여기에 비행기라는 이름을 붙였다. 에디슨은 소리를 재생하는 기계를 발명했고 축음기라는 이름을 붙였다. 베이조스가 그린 인터넷 사업 모델에는 '선순환 사업 모델'이라는 이름이 생겼다. 처음에는 당신이 만든 이름이 있지만, 시간이 지나고 그 생각이 성장하면 세상에 통하는 이름이 생긴다. 작은 발상이 창의적인 생각으로 성장하고 세상을 바꾸면 세상에서는 당신의 생각을 이름으로 부른다.

미라클 씽킹을 습관으로 만들기 위해서는 몇 가지 방법이 필요하다. 가급적 큰 종이를 사용해서 생각을 적거나 그림을 그린다. 큰 종이를 사용하는 이유는 많이 적기 위해서가 아니라 여백을 많이 남기기 위해서다. 생각의 이분법은 위험하지

생각이 균형과 조화를 이루도록 하는 미라클 씽킹 3단계		
(1) 생각을 머릿속에서 꺼내 표현하고 이름을 붙인 뒤,	(2) 꺼낸 생각의 틀을 깨어 확장하고 균형을 맞추고,	(3) 나열된 생각을 조화롭게 정리한다.

만 사분법은 생각의 방향을 확장하기 좋다. 하나의 생각에 너무 집중하지 말고 한 입으로 두말하면서 생각의 균형을 이룬다. 하나의 생각이 떠오르면 관련이 있는 생각을 계속 떠올리며 연상한다. 생각과 생각을 이어주면 더 큰 생각으로 성장하고 더 깊은 생각으로 진화한다. 서로 떨어져 있던 생각이 이어지면서 기발한 생각이 탄생한다. 생각이 막히면 질문한다. 생각을 키우는 가장 좋은 영양분은 질문이다. 생각이 많아지면 프레임을 사용해서 생각의 줄기를 만든다. 생각의 입구와 출구에 프레임을 사용하면 생각의 형태를 나타내기 쉽다. 충분히 많은 생각이 나열되면 매트릭스를 사용해서 일목요연하게 정리한다. 생각의 조화를 추구한다. 이런 과정을 거쳐 균형과 조화를 이룬 생각을 했다면 이게 바로 미라클 씽킹이다.

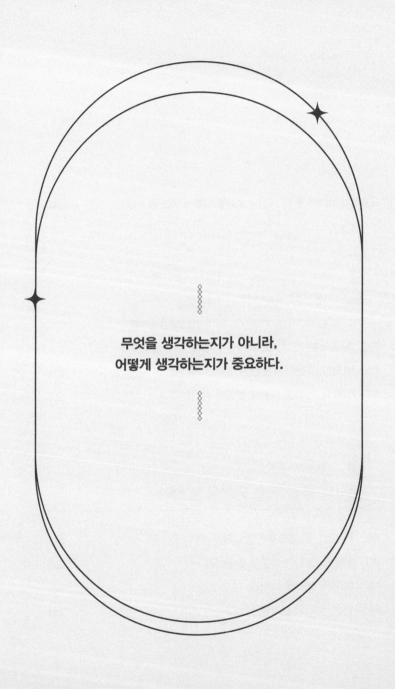

무엇을 생각하는지가 아니라,
어떻게 생각하는지가 중요하다.

Miracle
Thinking

3장
미라클 씽킹, 창조적 생각의 조화를 만든다

Miracle Thinking

1장

**좋은 생각은
습관에서 나온다**

01 하루 15분,
습관으로 뼈대를 만들라

소프트뱅크 창업자인 손정의는 19세에 인생 50년 계획을 세웠다. 10년마다 목표를 정하고 하나씩 달성하겠다는 생각이다. 구체적으로는 다음과 같다. 20대에 업계에 이름을 알리고 30대에 군자금을 모은다. 40대에 큰 사업에 뛰어들고 50대에 사업을 어느 정도 완성시킨다. 60대에는 다음 세대 경영자에게 사업을 이양한다. 그의 목표는 300년 지속되는 기업이다.

손정의는 인생을 계획에 맞추어 살았다. 24세에 소프트뱅크를 창업했다. 36세에 주식을 공개해서 구한 자금으로 많은 기업을 매수했다. 40대에 통신 시장에 진출하여 일본텔레콤과 보다폰을 인수했다. 50대에는 아이폰 일본 판매권을 획득하고 미국 기업인 스프린트를 인수했다. 영국기업인 암ARM도 인수했다. 60대에 접어들면서 후계자를 물색하고 있다.

손정의는 인생을 생각하는 뼈대를 만들고 이에 맞추어 행동한다. 그렇다고 생각의 완벽함을 추구하지는 않는다. 경영자답게 빠른 속도로 실행하기를 원한다. 완벽하게 생각하고 0에서 1을 만들기보다 다른 사람이 만든 1을 모방해서 100을 만드는 데 주력한다. 아무리 머리가 좋고 아이디어가 많은 사람이라도 모든 생각을 스스로 완벽하게 할 수는 없다. 손정의는 성공한 사례를 조사해서 모방할 수 있으면 그대로 모방한다. 문제가 생기면 실행하면서 수정한다. 그는 신규사업을 입안할 때 세 가지 기준을 적용한다.[1] 첫째, 30년 후를 생각한다. 둘째, 경험이 시너지 효과를 낼 수 있는 분야에서 승부를 건다. 셋째, 최신 비즈니스 모델을 참고한다. 이런 기준은 손정의가 사업을 생각하는 뼈대로 작용한다.

손정의는 생각의 뼈대를 만들고 실행의 속도를 중시했지만 가장 중요한 점은 따로 있다. 바로 '생각하는 습관'이다. 그는 생각하는 습관을 매일 실천했다. 가장 유명한 일화는 매일 하는 발명이다. 손정의는 매일 15분을 사용해서 발명하고 특허를 출원했다. 그가 발명하는 방법은 세 가지 방식에 따른다.

- **문제 해결법**

  평소에 문제라고 생각한 내용을 메모하고 틈날 때마다 해결 방법을 생각한다. 동그란 볼펜이 책상에서 굴러간다는 문제가 있다면 볼펜을 사각형이나 육각형으로 만든다는 식이다.

- **수평 사고법**

  문제를 수평으로 확장하거나 역전해서 생각한다. 연필심을 깎는 작업이 귀찮다면 길게 뻗어 나오는 연필심을 개발하거나 샤프 펜을 만드는 식이다.

- **복합 결합법**

  두 가지를 결합해서 생각한다. 라디오와 카세트를 붙이거나 휴대전화기와 메모지를 붙이는 식이다.

일론 머스크가 생각의 뼈대를 만드는 원칙

생각의 뼈대를 만들고 실천하면 화성에도 갈 수 있다. 금세기 최고의 혁신가로 불리는 일론 머스크는 테슬라와 스페이스X를 성공한 기업으로 만들었다. 복잡하고 어려운 문제가 끝도

없이 나올텐데 머스크는 문제를 어떻게 해결할까? 머스크는 TED 큐레이터인 크리스 앤더슨과의 인터뷰에서 자신은 '생각의 제1원칙'을 따른다고 밝혔다.[2] 제1원칙은 머스크가 생각의 뼈대를 만드는 방식이다.

"생각하기에 좋은 틀이 있습니다. 물리학에서 말하는 제1원칙 추론입니다. 사물의 본질을 요약하고 추론하는 방식인데요, 유추에 의한 추론과는 반대죠. 우리는 대부분 유추에 의한 추론을 합니다. 다른 사람들이 하는 생각이나 행동을 약간 변형해서 따라 하는 정도죠. 유추에 의한 추론은 많은 사람이 인정한 모범 사례를 기반으로 판단하고 문제를 해결합니다. 유추로 추론하는 사람은 똑똑한 사람조차 잘못된 결정을 내리는 경향이 있습니다. 이에 비해 제1원칙 추론은 주어진 문제를 해결하기 위한 가정을 세우고 질문하고 대답하면서 처음부터 새로운 지식과 방법을 찾는 방식입니다."

복잡한 문제에 직면했을 때 대부분 사람은 다른 사람들은 어떻게 생각하는지 궁금히 여긴다. 다른 사람 생각에서 유추하니 결국 모든 사람이 비슷하게 생각한다. 머스크는 다른 사람을 보지 말고 문제의 본질을 보라고 조언한다. 일론 머스크는 제1원칙 추론을 3단계로 구분한다.[3]

- **1단계: 문제를 해결하기 위한 해결 방법을 가정한다.**

  사업을 성장시키고 싶다면 해결 방법으로 돈이 많이 필요하다는 가정을 한다. 체중을 감량하려면 운동할 시간이 충분해야 한다는 가정을 한다.

- **2단계: 문제를 기본 원칙으로 분류한다.**

  문제의 줄기나 큰 가지와 같은 기본 원칙을 확인한다. 기본 원칙은 문제의 가장 기본적인 요소다.

- **3단계: 처음부터 새로운 방법을 찾는다.**

  문제를 이해하고 기본 원칙으로 분류한 후에는 처음으로 돌아가 새로운 방법을 찾는다.

머스크가 제1원칙을 사용해서 문제를 해결하는 사례로 배터리를 들 수 있다. 머스크는 인터뷰에서 배터리 문제를 해결하는 방법을 다음과 같이 설명했다.[4]

"모든 사람은 배터리는 비싸며 앞으로도 그럴 거라고 말합니다. 지금까지 킬로와트시kWh당 600달러였는데 앞으로도 더 싸지지는 않을 거라고 말하죠."

머스크는 배터리 문제에 생각의 제1원칙을 사용했다.

"배터리 재료는 무엇인가? 재료의 시장 가격은 얼마인가?

이런 질문을 했습니다. 배터리 재료로는 코발트, 니켈, 알루미늄, 탄소, 분리용 폴리머, 밀봉 캔이 있습니다. 재료를 런던 금속 거래소에서 구매하면 비용을 다 합쳐도 킬로와트시당 80달러 정도에 불과합니다. 재료 가격은 생각보다 저렴하니 재료를 구입해서 배터리 셀 모양으로 결합하는 방법만 생각하면 됩니다. 방법을 찾으면 대부분 사람이 생각하는 가격보다 훨씬 저렴한 가격으로 배터리를 가질 수 있죠."

머스크는 "아무리 좋은 생각이라도 실현되기까지는 미친 생각에 불과하다"라고 말한다. 머스크는 배터리가 비싸다는 생각을 버리고, 재료 가격처럼 기본 요소를 이해하는 질문을 반복함으로써 상식에 도전한다. 그리고 처음 상태로 돌아가 해결 방법을 찾는다.

운동할 시간이 없다는 사람도 제1원칙을 사용하면 해결 방법을 찾을 수 있다. 운동을 해서 체중을 감량하고 싶은데 시간이 없다고 고민한다면 다음 질문에 답을 한다. "체중을 감량하려면 무엇이 필요한가?" 이 질문에 대해 답한다. "체중을 감량하려면 일주일에 5일은 한 시간씩 운동해야 한다." 이어서 질문한다. "운동 시간을 줄여도 체중을 감량할 수 있을까?" 이 질문에 답한다. "일주일에 3일이라면 하루에 15분은 운동할 수 있다." 짧은 시간에 체지방을 감소하는 고강도 전신 운동이면 된다는 식이다. 이렇게 질문과 대답을 반복하면서 방법을 찾는다.

이나모리 가즈오는 경영의 신이라고 불렸다. 그는 27세에 창업한 교세라를 매출 20조 원 규모의 회사로 키웠다. 이나모리는 조직을 소집단으로 나누고 각각을 '아메바'라 불렀다.[5] 아메바 경영은 개인의 생각을 조직 운영에 최대한 활용하는 방식이다. 많은 이메바가 자율 분산으로 경쟁과 협력을 반복하면서 조직이 성장한다. 아메바에 속한 사원들이 협력해서 아메바의 목표를 달성해야 하므로, 모든 사원은 스스로 조직을 이끌어간다는 사명감을 가지고 리더십을 발휘한다. 경영의 신이 가진 생각의 뼈대는 아메바다.

'우주 사업'에 대한 생각의 뼈대를 만든다면

대기업 경영자만이 생각의 뼈대를 가지고 있지는 않다. 스타트업의 경영자도 마찬가지다. 스타트업은 대기업과 경쟁해서 이기기 어렵다. 어떻게 하면 대기업과의 경쟁에서 이길 수 있을까? 어떤 스타트업 경영자는 생각에 하나의 조건을 덧붙인다. '우주에서는'이라는 조건이다. 지구에서 대기업과 경쟁하기 어렵다면 우주에서는 어떨까? 지구의 대기업 중에 우주에서 큰 사업을 성공시킨 사례는 아직 없다. 스페이스X가 약진하고 있는 정도에 불과하다. 우주는 지구의 모든 기업에게 낯선 시장이다. 이런 생각으로 스타트업도 우주 사업을 개발한다. 우주 시대가 열리면 우주 시장도 확장한다. 지금 당장은 우주 시장에 참여하지 못하더라도 미래에는 참여할 수 있다.

2023년 현재의 우주 시장은 30년 전의 인터넷 시장과 비슷하다. 인터넷 선구자인 야후가 설립된 1994년에 인터넷이 모든 분야에서 사용될 거라고 미래를 예측한 사람이 얼마나 될까? 얼마 되지 않은 바로 그 사람들은 상품을 개발하고 시장에 뛰어들었다.

선도기업이 시장을 만들면 뒤를 이어 많은 기업이 시장에 참여한다. 시장에 늦게 참여하는 기업은 선도기업의 약점을 공략하거나 시장에 없는 상품을 개발해서 고객에게 다가간다. 선도기업과 똑같은 상품을 판매하면 경쟁하기 어렵다. 우주 시장이 확장되면 참여 기업이 늘어나고 상품은 다양해진다. 그러면 지금까지 우주 시장에 관심을 보이지 않던 사람이 고객이 되어 시장으로 들어온다. 시장의 선순환 구조가 완성되면 시장은 점점 더 확장된다.

현재 시점에서 실현할 수 있는 우주 사업은 제한되지만 생각의 뼈대는 만들 수 있다. 지구와 우주를 양 끝에 두고 지구에서 우주로 향하거나, 그 반대의 경우를 합쳐 모두 네 가지 경우를 생각할 수 있다. 현재 시점에 기술이 있는지 여부는 따질 필요가 없다. 시장이 확장되면 기술은 진화하기 마련이다. 어떤 우주 사업이 가능한지 생각해보자.

- **지구에서는: 지구에서 우주 사업을 한다.**

  민간인이 우주복을 입고 기념으로 사진 촬영한다. 우주선 발사와 같은 중력 가속도를 느끼는 시설을 임대한다. 모의 우주여행 사업을 한다. 민간인이 우주 비행사 훈련을 경험한다.

- **우주에서는: 우주에서 우주 사업을 한다.**

  우주용 냉장고, TV, 침대, 욕조, 세탁기, 세제를 개발하고 판매한다. 우주인을 위한 화장품, 영양제, 신발, 내의를 개발하고 판매한다.

- **지구에서 우주로: 지구에서 우주로 나가려면 어떤 사업이**

지구에서는	지구에서 우주로	우주에서는
	우주에서 지구로	

필요한지 생각한다.

우주 엘리베이터를 제조하고 판매한다. 지구에서 달 기지로 택배를 보낸다. 로켓 발사장을 임대한다.

- **우주에서 지구로: 우주에서 지구를 향하는 사업이다.**

우주 자원 수송 사업을 한다. 우주에서 생산한 전기를 지구로 보내는 송전 사업을 한다. 우주에서 지구를 관찰한다.

'우주에서는'이라는 조건으로 어떤 사업이 가능한지 좀 더 생각해보자. 가장 쉽게 시작하려면 지구에서 필요한 사업을 우주에서도 하겠다고 생각한다. 그중에 우주 주유소도 있다. 우주 주유소는 지구 주유소를 확장한 생각이다. 미국 우주개발업체인 오비트팹Orbit Fab은 지구 기업으로는 최초로 우주 주유소를 만들고 있다.[6] 위성을 제조하고 발사하는 비용을 줄이려면 한 번 발사한 위성을 가능한 한 오래 사용해야 한다. 위성에 연료를 공급할 수 있으면 더 오래 사용할 수 있다. 우주 시장이 확장되면서 위성은 수천 기에서 수만 기로 계속 늘어나고 있다. 마을 곳곳에 주유소가 있듯이 지구 궤도 곳곳에 우주 주유소가 위치한다. 고객 위성은 가까운 우주 주유소로 간다. 우주 주유소는 연료 탱크와 연료 공급 셔틀로 구성된다. 위성 외에도 로켓과 우주 정거장처럼 연료를 필요로 하는 우주 자산은 모두 고객이 된다.

청소 사업도 있다. 2013년 지구 기업으로는 최초로 우주 쓰레기 청소기업인 아스트로스케일Astroscale이 탄생했다. 스티브 잡스와 함께 애플을 창업했던 스티브 워즈니악도 우주 쓰레기 청소기업인 프라이버티어Privateer를 설립했다.[7] 최초로 우주용 시계를 개발한 오메가도 우주 쓰레기 청소에 참여한다.[8]

뛰어난 경영자에게는 생각의 뼈대가 있다. 생각의 뼈대가 없다면 어떻게 될까? 해마다 나오는 유행어에 휩쓸리게 된다. 유행어는 대부분 금세 사라지지만 그중에는 계속 사용되는 내용도 있다. 유행어로는 기술 용어도 있고 시장 용어도 있다. 법규나 방법도 있다. 해마다 유행어가 나오는데 이런 용어를 모르면 나만 뒤처진다는 마음이 생기고 초조해진다. 그러나 초조하면 어디서부터 생각하면 좋을지 모르고 그릇된 의사결정을 하기 쉽다.

반드시 챙겨야 할 중요한 내용은 깊이 생각하고, 별로 중요하지 않은 내용은 가볍게 스쳐가는 방법이 좋다. 생각의 뼈대가 없으면 경영자는 작은 바람에도 흔들리는 갈대 신세다. 중요한 내용만 생각하려면 생각의 뼈대가 필요하다. 숨 가쁜 일상이지만 하루 15분이라도 할애해 생각하라. 그래야 작은 바람에 흔들리지 않고, 중심을 잡을 수 있다.

하루 15분,
주체적으로 생각의 뼈대를 세우는 시간

하루 15분 생각하는 시간을 가져라.
결국, 내 생각이 가장 중요하다.
내 생각의 주체는 나 자신이어야 한다.
생각의 뼈대를 만들고 문제의 본질에 다가선다.

02 메모법, 표현하지 못하면 생각이 아니다

"생각은 하고 있지만 표현할 수는 없다고 말하는 사람은 자신이 무슨 생각을 하고 있는지 모른다." 철학자 모티머 애들러는 생각과 표현의 관계를 이렇게 말했다.[1]

표현하지 못하면 생각이 아니다. 노트에 필기하든 노트북에 입력하든, 생각은 표현하는 순간에 비로소 형태를 가진다. 일단 형태를 가지면 생각은 더욱 발전한다. 생각을 표현하는 가장 간단한 방법은 메모다.

역사상 최고의 메모왕은 누구일까? 가장 먼저 나오는 이름은 레오나르도 다빈치다. 이탈리아 르네상스 시대에 활동한 화가로 〈모나리자〉와 〈최후의 만찬〉 등의 작품을 남겼다. 다빈치는 그림 외에도 조각, 발명, 문학 등 그 당시에 할 수 있던 거의 모든 분야에서 뛰어난 업적을 남겼다. 단순히 천재라고 부르기에는 부족할 정도다. 다빈치는 40년에 걸쳐 3,500권의 노트에 메모했다. 현재까지 약 5,000쪽 분량이 남아 있는데 그가 작성한 노트의 3분의 1이며, 나머지는 소실되었다. 노트에는 글, 그림, 수식, 기호를 섞어서 메모했다. 다빈치 메모를 책으로 만든 《코덱스 레스터Codex Leicester》는 빌 게이츠가 2014년 3,100만 달러에 구입했다.

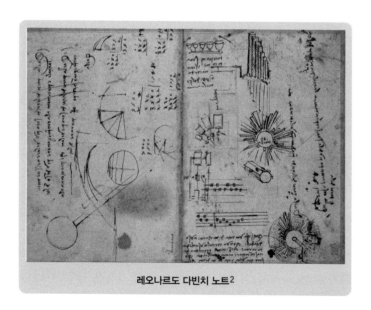

레오나르도 다빈치 노트2

다빈치가 르네상스 시대의 메모왕이라면 에디슨은 현대의 메모왕이다. 다빈치가 다양한 방면에 업적을 남겼듯이 에디슨도 축음기를 비롯해 1,300건을 발명했다. 에디슨은 500만 장의 메모를 남겼다. 럿거스대학교는 에디슨 문고를 1978년에 설립했다.[3] 에디슨이 남긴 메모를 정리하고 보존하기 위해서다.

에디슨은 우연히 떠오른 생각은 모두 적었다. 내 생각이든 다른 사람의 생각이든 메모했으며, 어려운 문제가 생기면 메모를 되돌아보면서 새로운 생각을 여백에 적었다. 또한 적을 때 기억용과 생각용으로 구분해서 메모했다.

- **기억용 노트**

  단기간에 해야 할 일을 단어나 문장으로 적는다. 투두to-do 노트라고도 한다. 해야 할 일을 기억하기 위한 메모이므로 일을 다 하고 나면 내용 위에 한 줄 쫙 그어버린다. 그리고 완전히 잊어버린다. 기억용 노트는 책상 위에 놔두고 수시로 메모하고 지운다. 해야 할 일이 분명하게 정리되어 있으므로 어떤 일을 해야 할지 우왕좌왕하지 않는다.

- **생각용 노트**

  생각나면 생각난 대로 일단 적어둔다. 뜬금없이 시의 한 구절이 생각나면 그대로 적는다. 어느 기업의 경영 사례를 보면서 재미있는 생각이 떠올랐다면 일단 그대로 적는다. 중요하다고 생각한 개념이나 데이터도 그대로 적는다. 생각을 어떻게 발전시킬지는 아직 모른다. 메모할 당시에는 뾰족한 아이디어가 없다.

생각용 노트는 가끔 임의의 페이지를 열고 내용을 다시 본다. 그러면 메모할 당시에는 생각하지 못했던 새로운 내용이 떠오른다. 부족한 부분을 채울 수도 있고 생각을 더 세련되게 정리할 수도 있다. 여백에 생각을 계속 추가한다. 언제 사용할지는 모르지만 재사용될 가능성이 매우 높다. 시간이 오래 지나도 언제든지 생각을 보충해준다. 시간을 들여 생각을 숙성시키면 생각은 넓고 깊게 발전한다.

다빈치와 에디슨을 비롯한 여러 메모왕들에게는 공통점이 있다. **첫째, 생각이 떠오르면 일단 메모한다. 또한 우연히 떠오른 생각을 중시한다.** 우연히 떠오른 생각이 굉장히 큰 생각으로 발전하는 경우는 많이 있다. 세상을 바꾼 발명이나 발견 중에도 우연히 생각한 경우가 많다. 페니실린도 그렇다. 영국의 의학자 알렉산더 플레밍은 평소에 배양접시를 제대로 보관하

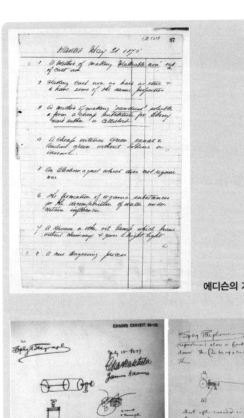

에디슨의 기억용 노트[4]

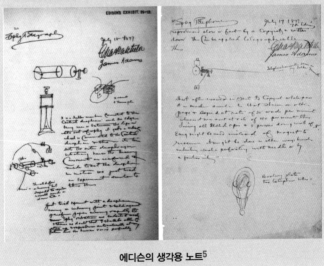

에디슨의 생각용 노트[5]

지 않아서 실패하는 일이 많았다. 1928년, 그가 여름휴가에서 돌아와 보니 배양접시 중 하나에 녹색 곰팡이가 피어 있었다. 그는 이상하다고 생각했다. 곰팡이 주변에 있던 포도상구균이 모두 사라졌기 때문이다. 플레밍은 우연히 발견한 현상을 파고들었고, 1929년에 페니실린을 발견했다. 전자레인지 발명도 우연에서 시작되었다. 레이더 장비 기업인 레이시언Raytheon의 연구원 퍼시 스펜서는 주머니에 넣어둔 초콜릿이 녹은 걸 보고 마이크로파의 영향이라고 생각했다. 그는 마이크로파를 낼 수 있는 장비인 전자레인지를 만들었다.

둘째, 생각을 그림으로 그린다. 그림을 그리면 생각의 핵심이 단순하게 표현된다. 복잡한 생각일수록 문장으로 적으려면 시간이 걸리고 힘이 든다. 문장은 끝까지 읽어보지 않으면 의미를 알기도 어렵다. 더 큰 문제는 나중에 새로운 내용을 생각하고 의미를 덧붙이려고 할 때다. 문장으로만 작성된 자료에는 여백이 없기 때문에 새로운 문장을 덧붙이거나 추가하기 힘들다. 생각을 그림으로 그리면 노트에 여백이 많이 생긴다. 그림을 그리는 가치는 여백에 있다. 여백에 새로운 내용을 추가하거나 기존 내용을 수정하는 작업을 매우 쉽게 할 수 있다. 여백을 두지 않고 너무 복잡하게 그리면 활용하기 어렵다.

또한 그림을 그리면 짧은 시간에 많은 생각을 할 수 있다. 축구나 농구 시합을 보면 감독이 선수들을 불러 모아서 경기장 모형 위에 자석을 움직이며 지시한다. 선수에게 말로만 하는 지시보다 훨씬 이해하기 쉽다.

메모는 역사의 증인이다

메모가 얼마나 중요한지 보여주는 좋은 사례가 있다. 주인공은 레이저LASER다. 레이저는 100년 된 기술로, 레이저라는 기술명은 '유도 방출에 의한 빛 증폭 방사'라는 의미를 가진 조어다. 레이저는 그보다 먼저 발명된 기술인 메이저MASER에서 진화했다. 컬럼비아대학교 찰스 타운스 교수는 1953년, 루비 같은 결정을 이용해서 마이크로파를 증폭시키는 메이저를 발명했지만 널리 사용되지는 못했다. 그러나 메이저는 마이크로파 대신 빛을 증폭시키는 레이저로 진화했다. 타운스 교수는 메이저와 레이저의 원리를 발명한 공로로 1964년 노벨 물리학상을 받았다. 타운스 교수의 연구실에는 고든 굴드라는 박사 과정생이 있었다. 굴드는 연구실에서 메이저 실험을 하면서 마이크로파 대신 빛을 사용할 수 있겠다고 생각했다. 1959년 학회에서 발표한 논문 제목으로 굴드는 '레이저'라는 용어를 만들었다.[6] 굴드는 자신의 연구 성과를 정리해서 1959년 특허를 출원했다.

미국 특허청은 굴드보다 더 빨리 특허를 신청한 벨 연구소에게 1960년 특허를 주었다. 굴드는 자신의 발명이 가장 먼저라고 주장하며 특허를 빼앗기지 않으려고 소송을 걸었다. 굴드는 레이저에 필수요소인 광 증폭기에 초점을 맞추어 과거에 연구 아이디어를 적어 두었던 노트를 증거로 제시했다. 법원은 노트를 증거로 채택하고 굴드가 레이저의 최초 발명자라고 인정했다.

노트는 왜 재판에 영향을 주었을까. 연구자는 연구하는 과정을 모두 노트에 기록한다. 실험의 재료, 장치, 조건, 방법, 과정을 모두 적는다. 데이터는 가공하지 않고 원래 데이터를 그대로 기록한다. 데이터를 수정하거나 바꾸면 안 된다. 연구자는 자신이 어떤 연구를 어떻게 했는지 노트로 증명한다. 때문에 노트는 특허를 출원할 때 누가 먼저 발명했는지 밝히는 증거가 된다. 굴드가 아이디어를 노트에 적지 않았거나, 내용을 소홀하게 적었다면 소송에서 이길 수 없었다. 굴드는 노트 덕

분에 소송에서 승리했으며, 최종적으로 특허 48건을 등록했다.

노트 자체가 높은 가격에 팔리기도 한다. 54쪽에 달하는 아인슈타인의 노트는 2021년 파리 옥션에서 1,170만 유로에 팔렸다.[7] 아인슈타인은 1915년 일반 상대성 이론을 발표했으며, 이 노트는 1913년에 일반 상대성 이론을 연구하는 과정을 적은 노트다. 노트를 열어보면 아인슈타인이 펜으로 적은 수식과 그림이 가득하다. 그는 "문제를 푸는 데 1시간이 주어진다면 55분 동안 문제를 생각하고 5분 동안 해결 방법을 생각한다"는 말을 남겼다. 이 노트를 보면 아인슈타인이 어떤 식으로 생각했는지 알 수 있다.

스티브 잡스가 적은 메모도 그 자체가 역사적인 유물이다. 그가 게임 제작사인 아타리에서 일하면서 1974년에 작성한 메모는 경매에서 2만 7,500달러에 팔렸다.

요즘은 노트에 볼펜으로 필기하는 사람이 드물다. 노트북이나 태블릿이 노트를 대체하고 있다. 노트북을 사용하면 궁금한 내용을 즉시 인터넷에서 확인할 수 있다. 메일로 자료를 보내고 받기에도 편하다. 메모에는 디지털 변환이 매우 빠르게 진행되고 있다.

노트 필기와 노트북 입력 중 뭐가 더 좋을까? 어떤 차이가

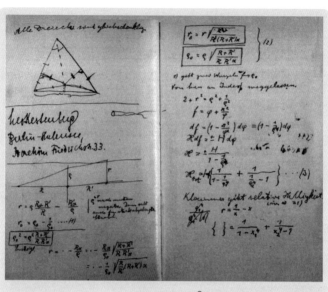

아인슈타인의 노트[8]

스티브 잡스의 메모[9]

미라클 씽킹

있을까? 프린스턴대학교 팜 뮬러 교수와 UCLA 다니엘 오펜하이머 교수는 세 가지 실험을 통해서 노트 필기와 노트북 입력의 차이를 발견했다.[10]

- **첫 번째 실험**

  프린스턴대학교 학생들에게 TED 강연 영상을 몇 개 보여주었다. 참가자는 노트 필기든 노트북 입력이든 상관없이 평소처럼 메모한다. 노트북 입력 그룹은 많이 입력하는 경향이 나타났다. 영상을 다 본 후에 사실관계와 개념을 얼마나 이해하는지 테스트했다. 사실관계 테스트에서는 노트 필기 그룹과 노트북 입력 그룹에 유의미한 차이는 없었다. 개념 이해 테스트에서는 노트 필기 그룹이 노트북 입력 그룹보다 유의미하게 높은 점수를 받았다.

- **두 번째 실험**

  노트북 입력 그룹에게 강연 내용을 그대로 입력하지 말고 스스로 생각한 내용을 입력하라고 요구했다. 실험이 끝나고 보니 노트북 입력 그룹은 여전히 많이 입력하려고 했다. 테스트에서는 첫 번째 실험과 같은 결과를 얻었다.

● 세 번째 실험

노트북 입력 그룹은 노트 필기 그룹보다 훨씬 많이 입력한다는 사실을 바탕으로 가설을 세웠다. "더 많은 내용을 입력했기 때문에 나중에 복습하면 시험 성적이 올라가지 않을까?" 노트북에 입력한 직후에는 내용을 기억하기 어려워도, 시간이 지난 후에 복습하면 도움이 될지도 모른다는 가설이다. 가설을 검증하기 위해서 참가자들에게 노트북 입력과 노트 필기를 선택하게 했다. 노트북 입력 그룹은 노트 필기 그룹보다 입력한 내용이 많았다. 강연이 끝나고 일주일 후 참가자들을 다시 모았다. 10분 동안 자신이 메모한 내용을 복습하게 하고 테스트를 했다. 테스트 결과는 사실관계와 개념 이해 모두 노트 필기 그룹이 더 좋았다.

실험에서 알게 된 시사점은 이렇다. 노트북 입력은 너무 많이 입력하기 때문에 오히려 학습에 방해가 될 수 있다는 점이다. 메모 분량이 많다는 점은 장점이 될 수 있지만 내 생각을 덧붙이지 않고 단순히 입력만 하기 쉽다. 일정이나 해야 할 일을 적으려면 노트북 입력이 좋다. 그러나 계속 생각해야 하는 문제라면 노트 필기가 좋다.

기억하기 좋은 1-3-3 형식

노트 필기든 노트북 입력이든 즉시 메모하지 않으면 다 잊어버린다. 사람의 기억은 장기 기억과 단기 기억으로 구분된다. 사람이 오감으로 인식한 정보는 전기 신호로 변환되어 뇌로 전달된다. 정보는 대뇌변연계의 해마에 집적되어 일시적인 기억으로 저장되는데 이를 단기 기억이라 한다. 단기 기억은 이름처럼 보존 기간이 짧다. 길면 며칠, 빠르면 1초 만에 잊어버린다.

카네기멜론대학교 허버트 사이먼 교수는 사람이 정보를 다루는 단위로 '청크chunk'를 제안했다.[11] 사람은 기억하기 위해 정보를 덩어리로 나누는데, 이때 청크는 정보의 덩어리를 의미한다. 정보 덩어리가 입력하는 길을 변화시키면 사람이 기억할 수 있는 정보의 수량이 변한다. 청크는 어디까지를 하나의 덩어리로 인식할지가 중요하다. KOREAKAIST라는 단어를 기억한다고 하자. 이 단어를 알파벳으로 나누면 청크는 열 개다. 그러나 KOREA와 KAIST로 나누면 청크는 두 개다. 정보 덩어리 두 개로 구분하면 기억하기가 훨씬 쉽다. 같은 내용이라도 적은 수의 청크로 묶으면 기억 용량의 사용이 감소한다. 여러 개의 청크를 묶고 정리하는 작업을 '청크화' 혹은 '청킹'이라 한다.

청크를 국가가 활용하는 사례로 전화번호가 있다. 우리나라에서 개인용 휴대전화 번호는 8자리가 기본이다. 고정 전화는 지역번호 세 자리까지 합치면 11자리다. 전화번호를 기억하려면 청크를 나누면 된다. 휴대전화 번호를 010, 1234, 5678처럼 세 덩어리로 구분하면 청크는 세 개이므로 기억하기 쉽다.

식당에서는 메뉴를 전채, 식사, 후식처럼 청크화해서 구분한다. 단품 요리나 세트 요리처럼 구분하기도 한다. 고객은 먼저 청크를 선택한 후에 개별 메뉴를 선택한다. 메뉴를 청크화하지 않고 가나다순으로 나열한다면 고객은 당황하고 선택하기 어렵다. 한 번에 봐야 하는 메뉴가 너무 많기 때문이다. 너무 많으면 기억을 못할 뿐만 아니라 선택하지도 못한다.

컬럼비아대학교 쉬나 아이엔가 교수는 고객이 어떤 선택을 하는지 실험했다.[12] 잼을 판매하는 두 개의 매장이 있다. A매장에서는 6종류의 잼을, B매장에서는 24종류의 잼을 판매한다. B매장에 가면 잼 종류가 더 많으니 고객은 B매장으로 간다고 예상할 수 있다. 종류가 많을수록 선택의 폭이 넓어지니 고객이 더 좋아할 거라고 예상했지만, 실험 결과는 반대였다.

A매장의 매출이 B매장보다 6배 많았다. 비슷한 상품이 너무 많으면 고객은 구입하지 않고 그냥 나온다. 선택의 여지가 많을수록 고객은 선택을 포기하기 때문이다. 때문에 고객의 선택을 받아야만 하는 기업들이 청크를 많이 사용한다.

2007년, 스티브 잡스는 신제품 발표회를 열었다. 기대감에 들뜬 청중에게 잡스는 세 가지 제품을 소개했다.

"오늘 혁신적인 제품을 세 가지 선보이겠습니다. 터치 컨트롤 기능을 가진 와이드 스크린의 아이팟, 혁신적인 휴대전화, 획기적인 인터넷 통신기기입니다."

스티브 잡스는 말을 이어나갔다.

"아이팟, 전화, 인터넷 통신기기. 이 세 가지는 사실은 하나입니다. 바로 아이폰입니다."

청중의 환호성이 회장을 덮었다. 스티브 잡스는 혁신적인 제품을 세 개 소개한다고 말하면서 아이폰을 소개했다. 잡스가 자랑하고 싶은 아이폰 기능은 수백 개가 넘겠지만, 그는 기능을 세 개의 청크로 묶었다. 아이폰을 처음 보는 청중이라도 세 개의 청크라면 즉시 기억할 수 있다.

청크를 나눌 때 마법의 숫자 4와 7을 주시할 필요가 있다. 먼저 등장한 숫자는 7이다. 1950년대에 음성 커뮤니케이션을 연구한 조지 밀러 교수는 말을 알아듣기 위해서 필요한 최소한의 음성 특징을 식별하는 연구를 했다. 연구 결과를 바탕으로 1955년에 '마법의 숫자 7'을 발표했다.[13] 마법의 숫자 7은 7±2로, 5에서 9까지 의미한다. 사람이 단기 기억할 수 있는 정보 덩어리의 숫자가 7보다 크면 단기 기억으로 처리하기 어렵다는 의미다. 7의 기준은 일상적인 내용이다. 사람의 기억 용량을 마법의 숫자 7로 정의한 밀러의 이론은 인지심리학의 근간이 되었다.

2001년 캠브리지대학교 넬슨 코완 교수는 사람이 단기 기억할 수 있는 숫자를 수정하고 '마법의 숫자 4'를 발표했다.[14] 4는 4±1을 의미하는데, 범위는 최소 3에서 5다. 코완이 실험한 결과를 보면 사람의 기억 용량은 1950년대에 밀러가 생각했던 수준보다 실제로는 더 작다.

마법의 숫자 4는 내 생각을 다른 사람에게 전할 때 유용하다. 상대방이 기억하기 쉽도록 내용을 세 개로 나눈다. 중요한 원칙 역시 3원칙이라면 이해하기 쉽지만, 8원칙이라거나 12원칙이라면 너무 많다. 한 개나 두 개는 너무 적고 네 개 이상은 너무 많다. 그래서 주로 세 개로 요약한다. 3차원 그래프에서 세 개의 축으로 하나의 데이터를 표현하는 방식처럼 세 가지로 요약한 결과를 보면 이해하기 쉽다.

　1 제목, 3 꼭지, 3 세부 사항으로 정보를 정리해 보자. 나는 이런 형식을 '1-3-3 형식'이라 부른다. 제목은 한 줄로 요약한다. 이때 제목을 의문형이나 부정형으로 만들면 읽는 사람의 흥미를 끌 수 있다. 제목이 부정형이면 오히려 중요하다는 점이 강조된다.

　정보의 내용을 요약하는 꼭지bullet point는 세 개로 청크화한다. 그리고 각 꼭지마다 세 개의 세부 사항을 적는다. 꼭지의 나열은 규칙을 가진다. 서론/본론/결론으로 구분하거나 과거/현재/미래로 구분한다. 사실/비판/계획으로 구분할 수도 있고 긍정/부정/중간으로 구분하기도 한다. 찬성/반대/절충으로도 구분할 수 있다. 이렇게 작성하면 내 생각을 상대에게 일목요연하게 전달할 수 있고, 상대방은 기억하기 쉽다.

1장. 좋은 생각은 습관에서 나온다

메모,
생각을 표현하는 가장 간단한 방법

머릿속으로 아무리 생각을 해도
눈에 보이는 형태로 나타내지 못하면 그건 생각이 아니다.
노트에 필기하든 노트북에 입력하든
생각나는 즉시 형태로 만들어야 한다.

03 이름표, 생각에 이름을 붙이면 성장한다

한 식당에서 고객이 요리를 주문했다.

"머리에 붉은 볏이 있고 날개는 퇴화하여 잘 날지 못하며 다리는 튼튼한 동물 있죠? 육용과 난용으로 육종된 수많은 품종이 있으며 가금으로 가장 많이 사육하는 그 동물 말입니다. 그 동물을 한 마리 튀겨주세요."

주인이 잘 알아듣지 못하자 고객은 설명을 덧붙인다.

"이 동물은 고기나 알을 주로 먹지만 간혹 반려동물로 키우는 사람도 있잖아요. 이 동물이 언제부터 있었는지 기원은 확실하지 않지만 기원전 6000년에서 8000년 동남아시아 일대에 서식하다가 사람이 가축으로 길렀다고 하죠. 서양에서는 종교

의식에 사용하기도 했고요."

주인이 비로소 알아듣고 주문을 확인한다.

"아, 치킨 한 마리요."

현재까지 사람이 발견해서 이름을 붙인 동물은 140만 종이다.[1] 아직 사람이 발견하지 못해서 이름을 붙이지 못한 동물도 수백만 종 더 있다고 예상한다. 물론 사람이 이름을 붙이지 않아도 동물은 존재한다. 동물이나 인공물에 이름이 없어도 존재한다는 사실은 변함이 없다. 하지만 사람은 자신이 알고 있는 존재에는 이름을 붙인다. 이름이 없으면 사람에게는 이 세상에 없는 존재와 같다. 나 혼자만 알고 있는 존재에도 이름을 붙인다. 사람은 자신이 인식하는 세계에 이름을 붙인다. 이름은 존재를 나타낸다. 사람이 부르는 이름에는 그 존재의 본질이 드러난다.

사람의 이름을 가장 많이 생각하는 시기는 아기가 태어났을 때다. 아기에게 어떤 이름을 지어줄지 생각을 거듭한다. 주변 사람들에게 한자에 능통한 어른을 아는지 묻기도 한다. 좋은 이름을 지어준다는 작명소를 찾기도 한다. 영어로 부르기 쉬운 이름인지도 따져 본다. 이름을 지으면 아기는 자신의 이름을 가진 사람이 된다. 아기 이름을 지으면 국가에 신고를 해야 한다. 그래야만 한 사람의 국민으로 인정되고 기록된다.

이름을 어떻게 붙이는지는 우주에서도 중요한 문제다. 우주선에도 이름이 있다. 2021년 미국은 목성을 향해 탐사선 '루시'를 발사했다.[2] 루시는 12년 동안 64억 킬로미터를 비행해서 2025년에 화성과 목성 사이에 위치한 소행성대의 목표지점에 도달한다. 2027년에는 목성에 선행하는 소행성을 통과하며, 2033년에는 목성에 후속하는 소행성군으로 간다. 목성 궤도에는 아무도 가까이에서 관측한 적이 없는 소행성의 대집단이 있는데, 루시는 이 소행성군을 관측할 예정이다. 루시는 1974년 에티오피아에서 발견된 320만 년 전 여성 화석의 이름이기도 하다.[3] 목성 탐사선에 초기 인류의 이름을 붙인 이유는 목성의 소행성이 먼 과거의 태양계 역사를 알려 줄 흔적이라 여기기 때문이다. 1961년부터 1972년까지 이루어진 미국의 유인 달 탐사 계획의 이름 '아폴로 계획'은 그리스 로마 신화의 태양신 아폴로에서 가져왔다. 두 번째 유인 달 탐사 계획인 '아르테미스 계획'은 달의 여신인 아르테미스에서 유래한다.

태양계 행성에도 이름이 있다. 고대 로마인이 신화에 나오는 이름을 붙였다. 수성의 이름 머큐리Mercury는 상업의 신인 메르쿠리우스Mercurius에서 유래한다. 수성의 공전 주기는 88일로, 금성의 공전 주기 225일과 지구의 공전 주기 365일보다 빠르다. 때문에 신발에 날개를 달고 빠르게 이동하는 모습을 연상했다. 금성의 이름 비너스Venus는 미의 여신이자 사랑의 신인 비너스에서 유래했다. 사람의 눈으로 볼 수 있는 행성 중에서 금성이 가장 밝게 빛나기 때문이다. 화성은 전쟁의 신 마르스Mars다. 목성의 이름 주피터Jupiter는 제우스에서 유래했고, 토성의 이름 새턴Saturn은 제우스의 아버지 크로노스Kronos에서 유래한다. 천왕성은 천공의 신이고 해왕성은 해양의 신이다. 지구는 신이 아니라 땅을 나타낸다.

국제천문연맹은 1973년에 천체 이름을 정하는 규칙을 만들었다.[4] 'S/2017 J 4'는 목성에서 2017년에 발견한 네 번째 위성이라는 식이다. S는 위성이고 J는 목성인 주피터를 나타낸다. 우주에는 셀 수 없을 정도로 많은 자연 위성이 있으니 모든 위성에 이름을 다 붙이기가 어렵다. 2013년부터 크기가 1킬로미터보다 작은 위성에는 이름을 붙이지 않는다.

이름을 짓는 가장 쉬운 방법은 연구자가 자신의 이름을 붙이는 방법이다. 옛날부터 연구자들은 자신이 발명한 기술이나 발견한 원리에 어떤 이름을 붙일지 관심이 많았다. 기원전 200년 아르키메데스의 부력 원리나 1600년대 케플러의 행성 운동법칙은 지금도 같은 이름으로 불린다. 현대의 연구자도 중요한 사실을 발견하면 자신의 이름을 붙인다. 인텔의 창업자고든 무어는 반도체 집적도가 18개월마다 두 배로 늘어난다는 사실을 발견하고는 '무어의 법칙'이라고 자신의 이름을 붙여 1965년 발표했다.

좋은 이름을 짓는 네 가지 방법

사람은 관심을 가지는 모든 존재에 이름을 붙인다. 생각에도 이름을 붙인다. 머릿속으로 생각은 하고 있지만 그 생각에 이름이 없다면 생각의 실체가 없다는 의미다. 생각에 이름을 붙이면 생각은 이름처럼 성장한다. 그리고 의미를 담아 표현한 이름들이 모여 생각을 담은 문장으로 성장한다.

이름을 지으려면 먼저 해야 할 일이 있다. 지금까지 어떤 이름이 있었으며 이게 어떤 의미인지 이해하는 작업이다. 그림을 배우려면 먼저 좋은 화가의 그림을 보고 베껴야 하듯이, 공부를 하려면 먼저 유명한 학자의 논문을 읽고 베낀다. 글을 쓰려면 먼저 좋은 문장을 읽고 베껴야 한다. 도제식으로 기술을 전수하는 기업에서는 후배에게 '선배의 기술을 훔치라'고 말한다. 훔치는 방법은 매우 간단하다. 선배의 모든 행동을 모방한다. 어떤 행동에 어떤 의미가 있는지 모르니까 일단 모든 행동을 똑같이 따라한다. 창조하려면 먼저 모방해야 한다. 후배는 선배의 기술을 완벽하게 모방한 후에 자신만의 개성 있는 기술을 개발한다. 모방과 창조 사이에 본질이 있다. 모방을 통해서 본질을 이해해야만 창조할 수 있다. 모방에서 창조가 나오듯 새로운 이름은 기존의 이름에서 나온다. 새로운 이름이 갑자기 나오지는 않는다.

좋은 이름을 짓는 네 가지 방법을 소개한다. **첫째, 생각을 더하거나 빼면서 바꾸어 본다.** 긍정을 부정으로 바꾸거나 부정을 긍정으로 바꾼다. 추상적인 내용은 구체적으로 바꾸고, 구체적인 내용은 추상적으로 바꾼다. 이 과정에서 신규, 신설, 변경, 교환, 대입, 추가, 제거, 대용, 대체, 결합, 분해, 응용, 수정, 제거, 반대 등 다양한 방법을 활용한다. 방향이라면 전후, 좌우, 상하를 바꾸어 본다. 크기라면 무게, 부피, 길이를 바꾸어 본다. 질감에 대해서는 색깔, 무늬, 음영, 형태, 소리를 바꾸어 본다.

둘째, 이름이 알기 쉽고 좋은 이름인지 확인하려면 완성된 이름을 불러본다. 이름을 소리 내어 몇 번이고 읽다 보면 왠지 흐름이 나쁜 곳이 느껴지는데, 이런 부분을 수정한다. 문장을 읽으면 리듬감이 생긴다. 반복해 읽을 때 리듬감이 나쁘면 이 부분도 고쳐야 한다. 의미는 통하겠지만 읽기에 나쁜 곳이기 때문이다. 문장은 반드시 내 입으로만 읽지는 않는다. 문장을 읽어주는 앱을 활용해 기계가 읽는 소리를 들으면서 문장을 느낀다. 느낌이 부드러우면 이걸로 완성이다. 어디선가 걸려 넘어지는 듯한 느낌이 들면 그 부분을 수정하고 다시 읽어달라고 한다. 난해한 표현이나 문장은 모두 수정하고 애매한 표현역시 수정한다. 이름을 만드는 작업보다 읽기 편하고 쉬운 이름으로 다듬는 작업이 훨씬 어렵다.

셋째, 사용하는 어휘가 많아야 한다. 어휘를 늘리려면 소설을 읽는 게 효과적이다. 시를 읽으면 짧게 표현하는 방법을 배운다. 여기에 평소 사용하는 표현을 의도적으로 바꾸어 보려고 노력한다. 국립국어원의 《표준국어대사전》에 수록된 단어는 51만 개다.[5] 내가 알고 있는 단어는 몇만 개 있겠지만, 평소 사용하는 단어는 극히 일부분에 지나지 않는다. 2003년 국립국어연구원에서 발표한 한국어 학습용 어휘는 모두 5,965개다.[6] 6천 개도 안 되는 어휘만 알면 우리나라에서 살아가는 데 지장이 없다.

넷째, 짧고 쉽게 표현한다. 쉽게 표현하려면 문장을 짧게 끊는다. 문장을 끊지 않고 계속 이어나가면 알아듣기 어렵다. 글로 쓰든 말로 하든 하나의 문장은 가능한 한 짧아야 알아듣기 쉽다. 완벽히 이해하고 생각이 정리된 사람은 말로도 쉽게 풀어낼 수 있다. 노벨 물리학상 수상자인 리처드 파인만은 강의 내용을 잘 이해하지 못하면 이렇게 질문했다. "지금 말씀하신 내용에 대해서 가장 쉬운 사례를 소개해 주시겠습니까?" 상대가 쉽게 설명하지 못하면 파인만은 내용 자체를 의심했다. 어려운 문제를 쉽게 설명하지 못한다면 스스로도 이해하지 못한다는 증거다.

말할 때 영어 단어를 굉장히 많이 사용하는 사람이 있다. "내가 콘퍼런스에서 메소돌로지에 관한 렉처를 듣고 있는데 갑자기 헤드쿼터에서 콜이 와서…." 굳이 영어 단어를 끼워 넣는다. 업계용어를 남발하는 사람도 있다. 업계용어는 업계 사람들이 사용하는 단어다. 같은 용어라도 업계마다 다른 의미로 사용한다. 영어의 '오퍼레이션operation'은 의료업계에서는 '수술'이라는 의미이지만, 제조업계에서는 '제조공정'이라는 의미다. CAD라는 약어는 제조업계에서는 '컴퓨터를 사용한 설계computer aided design'라는 의미로 사용되지만 수의업계에서는 '개와 고양이cat and dog'라는 의미로 사용된다. AI는 인공지능artificial intelligence의 약어이지만 조류 독감avian influenza의 약어이기도 하다. "AI가 대단하네"라는 말을 전후 문맥을 모르고 들으면 도대체 무슨 말을 하는지 알 수가 없다. 영어 약어에는 한국어를 덧붙여야 한다.

영어 약어를 많이 사용하면 많이 알고 수준이 높다고 착각하는 사람이 있다. 어떤 사람이 어려운 용어를 사용하면서 추상적으로 표현하면 그 말을 들으면서 걱정될 수도 있다. "혹시 나만 저 내용을 모르는 게 아닐까?" 그런 걱정은 할 필요가 없다. 어려운 용어를 사용하고 추상적으로 표현하는 사람은 대부분 본인도 구체적인 내용을 모른다. 내용을 정말 잘 알고 있는 사람은 쉽게 표현한다. 구체적인 사례를 이용해서 알기 쉽게 표현하는 사람이야말로 본질을 제대로 아는 사람이다. 굳이 어려운 용어를 남발하는 사람은 실력을 의심해야 한다.

한자 사용도 생각할 문제다. 우리나라는 한자 문화가 남아 있지만 사실상 한자는 사용하지 않는다. 한자를 한글로 표현하면 무슨 말인지 알기 어렵다. 화化, 적的, 성性을 사용하면 의미가 불분명해진다. 과격하거나 단정적인 표현도 피한다. "100퍼센트 절대 확실하다"라는 표현은 의심을 사기 쉽다. "틀림없다"거나 "들어보나 마나 뻔하다"와 같은 표현도 피한다. 공식적인 자료라면 명사와 동사 위주로 표현한다. 그래야만 오해를 줄일 수 있다. 숫자와 단위를 묶어서 표현한다. 몇 원, 몇 퍼센트, 몇 명처럼 숫자에 단위를 붙여서 표현하면 이해하기 쉽다. 어원을 알면 사용하는 어휘를 늘리기 쉽다.

이름이 있어야 존재한다. 생각에 이름이 없다면 생각의 실체가 없다는 의미와 같다. 이름을 붙였을 때야 비로소 당신의 생각은 계속 성장하게 된다.

이름을 붙여
생각의 실체를 만든다

나에게 이름이 있어서 내가 있듯이,
생각에도 이름이 있어야 '내 생각'이다.
생각이 잘 자라도록 내 생각에 좋은 이름을 붙인다.

Miracle
Thinking

2장

생각의 틀을 깨고
균형을 맞춰라

04 1구 2언, 한 입으로 두말하라

중학생 3학년인 14세 네이선 조나Nathan Zohner는 1997년에 과학 박람회 프로젝트를 준비했다. 그는 인터넷을 검색하다 한 보고서를 발견했다. 보고서 제목은 〈일산화이수소DHMO: 알려지지 않은 살인자〉, 내용은 매우 심각하다. DHMO는 주로 우발적인 섭취를 통해 체내로 흡수된다. 매년 수천 명의 미국인의 사망에 연루된다. 기체 형태의 경우 심각한 화상을 유발할 수 있다. 이 물질은 많은 금속의 부식을 촉진하고, 산성비의 주요 성분이며, 말기 암 환자의 종양에서 발견된다. 섭취로 인한 증상으로는 과도한 발한 및 배뇨가 나타난다. DHMO 의존성이 큰 사람이 이 물질을 완전히 끊으면 확실히 죽는다. 이 물질은 모든 강, 시내, 호수, 저수지에 존재한다.

조나는 이 보고서를 화학을 공부하는 학우 50명에게 배포했다. 그리고 그들에게 보고서를 읽고 이 물질을 규제해야 할지 정하라고 했다. 학생들은 교사에게 DHMO가 무엇인지 물어보지 않았다. 표본의 86퍼센트인 43명이 이 물질의 사용을 금지해야 한다고 투표했다. 너무 많은 사망을 초래하기 때문이다.

보고서 내용은 모두 사실이다.[1] 보고서가 사실이니 이 물질을 규제해야 할까? 이 물질은 사실 '물'이다. DHMO는 일산화이수소dihydrogen monoxide의 약어이며, 다른 말로 표현하면 물H_2O이다. 하나의 산소에 두 개의 수소 분자가 결합된 물질이다. 중학생들은 DHMO가 물인줄 모르고 사용을 규제해야 한다고 결정했다.

물을 어렵게 설명하니 정말 위험한 물질처럼 보인다. 과도한 정보로 인해 위험이 과장된 결과다. 조나는 이 과정을 보고서에 담았다. 〈우리는 얼마나 속기 쉬운가?How Gullible Are We?〉라는 제목의 보고서다. 조나의 프로젝트를 계기로 조나리즘Zohnerism이라는 용어가 등장했다. 과학자들이 위험이 적다는 증거를 제시해도 이를 믿지 않고 과도하게 위험하다고 믿는 마음을 말한다.

　내 생각이 옳다고 사람들을 설득하려면 근거가 필요하다. 학술논문이나 이론을 근거로 사용해도 좋다. 책은 근거로 사용하기에 애매하다. 저자가 주장한 내용에 근거가 확실하면 내 주장에도 근거로 사용할 수 있다. 그러나 저자가 일방적으로 주장한 내용이라면 근거로 사용하기에 부족하다. 공신력 있는 기관이 발표한 데이터가 좋다. 그렇다고 데이터가 만능이라는 말은 아니다. 데이터는 중요하지만 같은 데이터를 보면서 완전히 다르게 생각할 수 있다. 컵에 물이 50퍼센트 있을 때 물이 반이나 있다고 생각할 수도 있고, 반밖에 없다고 생각할 수도 있다. 물을 설명한 보고서를 읽고 물 사용을 규제할 수도 있다.

균형을 위해 반드시 필요한 '다른 의견'

내가 가진 고정 관념과 편견을 버려야 생각의 균형을 맞출 수 있다. 나와 다른 입장에 있는 사람의 생각을 이해하려면 내가 상대방과 똑같은 논리로 주장하면 된다. 상대방이 주장할 수

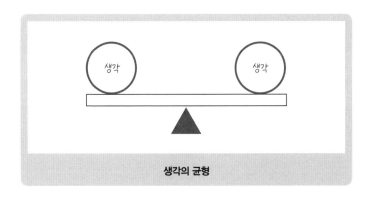

생각의 균형

있는 논리로는 뭐가 있을지도 파악할 수 있다.

내 생각과 완전히 다른 주장을 하면 생각의 균형을 맞출 수 있다. 찬반양론이 대립하는 주장 중 어느 한쪽을 지지할 수는 있다. 그렇다고 다른 주장이 왜 나오는지 이유를 전혀 모르면 그건 내 생각의 편견이 된다. 감정은 한쪽 주장을 편들 수 있지만, 이성은 양쪽 주장 모두에 귀를 기울여야 한다.

생각의 균형이 깨지면 불상사가 일어난다. 2017년 우버는 스캔들이 지속되고 최대의 위기를 맞이했다. 사내에서 성희롱을 당했다는 신고가 있었지만 인사팀은 이를 무시하고 의도적으로 숨겼다. 경쟁사 운전자를 빼내 오고 고객을 몰래 추적했다. 차량 서비스를 택시협회와 협상하면서 차량 위치를 위장하고, 지방정부에는 가짜 자료를 제출했다. 비윤리적인 행위가 계속 드러났다. 창업자인 트래비스 칼라닉은 요즘 인하 정책을 불평하는 운전자를 경멸하는 모습을 보였다. 고객이 떨어져 나가고 불매 운동이 일어났지만 칼라닉은 변하지 않았다. 우버 이사회는 제대로 기능하지 않았고 해결책을 내놓지 못했다. 이사회도 경영자와 같은 생각을 했기 때문이다. 이사회 멤버는 모두 창업자와 가까운 사람들이었다.[2] 경영자와 다른 생각을 하고 반대 의견을 내는 사람이 없었다. 칼라닉은 해임되었지만 한동안 우버는 공공의 적이 되었다.

조직이 제대로 운영되려면 반드시 다른 의견을 들어야 한다. 세종대왕 시절 18년 동안 최장수 영의정을 지냈던 황희는 모든 사람 말이 다 맞다고 평가했다. 여종 둘이 싸우면 "이 말도 맞고 저 말도 맞다"라고 했다. 주변 사람들이 "더 잘못한 사람이 있지 않습니까?"라고 물으면 "당신 말도 맞다"고 했다. 황희는 왜 모든 사람 말이 다 맞다고 했을까? 모든 사람은 자신의 입장에서 보면 합리적으로 주장하기 때문이다. 내 입장에서 나를 스스로 판단하면 나는 항상 옳은 말만 한다. 내가 하는 말은 이치에 맞으며, 다른 사람은 이치에 맞지도 않는 말로 떼를 쓴다고 생각한다.

생각의 균형을 방해하는 인공지능

인공지능은 사람이 생각의 균형을 맞추지 못하도록 방해한다. 인공지능이 특정한 방향으로 생각을 유도하는 필터 버블filter bubble 문제로, 미국 작가인 엘리 프레이저가 제시한 개념이다.[3] 인공지능은 나에게 특정한 사건이나 뉴스를 반복해서 보여준다. 나는 그중에서도 관심 가는 뉴스만 본다. 인공지능이 질문하고 내가 대답을 한 셈이다. 그러면 인공지능은 내가 본 뉴스와 비슷한 뉴스만 계속 보여준다.

다양한 내용을 보지 않고 한가지 방향으로 쏠린 내용만 계속 보면 내 생각은 버블 속에 갇혀버리고 내가 가지고 있던 신념은 더욱 굳어진다. 비슷한 개념으로 반향실 효과echo chamber도 있다. 나와 비슷하게 생각하는 사람을 만나면 내 생각이 더욱 굳어지는 현상이다.[4] 뉴스 중에서도 내가 보고 싶은 내용만 보면 내 생각은 점점 한쪽으로 치우치게 된다. 확증편향이 강해지면서 나와 다른 생각을 하는 사람을 싫어하게 된다.

필터 버블은 세뇌의 첫걸음이다. 미국 저널리스트인 에드워드 헌터는 세뇌하는 방법으로 학습, 자기비판, 상벌, 죄의식을 꼽았다.[5] 평소에는 집단으로 구성된 공부 모임에서 학습하며

자기비판을 한다. 범죄를 고백하면 칭찬하지만 고백하지 않으면 동조압력을 가해서 교묘하게 상과 벌을 준다. 벌을 받으면 죄의식을 느낀다.

세뇌는 중독으로 이어진다. 나는 인스타그램을 보거나 게임을 한다. 가끔 하면 재미있다. 오랫동안 집요하게 하면 몸과 마음에 좋지 않다고 생각한다. 문제는 내 생각과 행동이 다르다는 점이다. 나는 생각만 그렇게 하고 행동은 멈추지 않는다. 인공지능이 교묘하게 나를 중독시켰기 때문이다. 이전에는 '중독'이라면 과도한 운동, 도박, 담배, 알코올, 약물 정도가 있었다. 지금은 인터넷에서 빠지는 행동 중독이 문제다. 게임, 인스타그램 열람, 유튜브 시청, 이메일 체크, 인터넷 쇼핑, 온라인 스토킹이다.

뉴욕대학교 애덤 알터 교수는 행동 중독을 일으키는 요소로 여섯 가지 특징을 꼽았다.[6] 첫째, 행동하기 쉽고 매력적인 목표가 있다. 이메일을 확인하는 정도는 복잡한 지하철에서도 할 수 있다. 이메일에 즉시 답장하면 나는 일 처리가 빠르다는 만족감이 든다. 둘째, 랜덤하게 보상한다. 내가 인스타그램에 올린 글에 가끔 답글이 폭발적으로 늘어난다. 셋째, 단계적으로 수준이 올라간다. 다이어트를 하고 계속 걸었더니 오늘은 체중이 조금 줄었다고 느낀다. 넷째, 서서히 어려워진다. 게임을 하면 레벨이 올라갈수록 화면이 바뀌는 속도가 빨라진다. 다섯째, 긴장감이 있다. 단톡방에 글을 올리고 나면 어떤 반응이 있을지 궁금하다. 여섯째, 사회적으로 강하게 연결된다. 게임 커뮤니티나 단톡방에 있는 사람들과 일체감을 느낀다. 여섯 가지 요소는 동시에 여러 개가 작동하는데 요소가 많이 포함될수록 행동 중독이 되기 쉽다.

어떤 사람이 중독에 빠질까? 누구나 중독에 빠질 수 있다. 나이가 들면서 갑자기 도박이나 포르노에 빠지기도 한다. 파킨슨병 치료 약을 먹고 도박, 쇼핑, 과식, 섹스 중독이 되었다는 보고도 있다.[7] 이들은 파킨슨병을 치료하기 위해 약물로 도파민을 늘리는 치료를 했다. 도파민이 급상승하면 의존증이 생기기 쉽다. 이런 점을 이용하는 기업은 의도적으로 사람의 도파민을 상승시키려고 한다. 이름하여 중독 비즈니스다.

중독에 빠진 사람은 자신이 잘못했다고 탓하지만 사실은 그렇지 않다. 중독은 내 마음이 약해서 생기는 현상이 아니라, 중독에 빠지도록 설계한 상품을 이용하기 때문이다. 앞서 말한 여섯 요소의 첫째는 행동하기 쉽다는 점이다. 인터넷에는 게임이나 포르노가 넘쳐난다. 거리에는 편의점이 있고 다양한 상품이 있다. 배고프면 편의점에 가고 성욕이 생기면 포르노 사이트를 방문한다. 지루하면 온라인 게임을 한다. 필요한 물건이 있으면 인터넷으로 주문한다. 나를 스스로 지키는 셀프 컨트롤이 어렵다. 행동하기는 쉽지만 참기는 어렵다. 그러는 사이에 나는 중독된다. 다른 사람들이 나에게 중독되었다고 말하면 더 하고 싶다. 미국 심리학자인 잭 브램은 심리적 저항 이론을 제시했다.[8] 선택의 자유를 박탈당하면 더 하고 싶어진다는 이론이다. 담배를 피우고 싶은데 피울 수 없는 상황이면 더 심하게 피우고 싶다. 가짜뉴스라고 언론을 통제하면 이 뉴스는 진짜라고 믿는다. 때문에 중독에 빠진 사람을 행동하지 못하게 규제하기보다 자유롭게 선택할 수 있도록 허용하는 방법이 더 좋다.

세상에 있는 거의 모든 상품은 나를 중독시키려고 한다. 배후에는 인공지능이 있다. 인공지능은 내가 무엇을 좋아하는지 알고 내가 더 좋아하게 만든다. 가끔은 내가 원하는 행동을 하지 못하게 일부러 방해하기도 한다. 인공지능은 나와 밀당하면서 때로는 내가 이겼다고 느끼게 한다. 데이터가 쌓일수록 인공지능은 자신이 원하는 방향으로 나를 유도한다. 인공지능은 나를 중독시키기 위해 여러 개의 알고리즘을 구사하면서 나를 조용히 유도한다. 인공지능이 나를 유도하는지조차 내가 알지 못해야 기업에 유리하다. 기업은 한번 잡은 고객을 놓아주지 않는다. 고객을 중독시켜서라도 오랫동안 고객으로 머물기를 바란다.

한 입으로 두말하기, 1구 2언 훈련

누구나 스스로는 옳은 말을 한다. 이유도 있고 근거도 있다. 의견이 대립하는 주제가 있으면 한 입으로 두말해서 내 생각의 균형을 맞춘다. 생각의 균형을 맞추면 같은 데이터를 다양한 입장에서 이해할 수 있다. 하나의 상황을 다양한 입장에서 주장하고 평가할 수 있어야 한다. 세상은 항상 변하기 때문에 하나의 논리가 한 사람의 평생 동안 일관되게 유지되는 경우는 드물다. 완전히 반대의 논리가 생겼다가 또다시 새로운 논리가 생긴다. 그러다가 다시 처음의 논리로 돌아가기도 한다. 대부분 사람은 양쪽 이야기를 다 듣지 않고 내가 찬성하는 주장만 듣는다. 내가 반대하는 주장은 이유도 듣기 싫다.

이성으로는 반대하지만 감정으로는 찬성하는 경우가 있다.

감정으로는 받아들이기 싫지만 이성으로 생각하지 않을 수 없는 경우도 있다. 감정과는 상관없이 이성적으로 논리를 전개하는 재판관은 두 사람의 입장에서 각각 생각해야 한다. 감정으로는 한 사람 편을 들 수 있다. 그렇지만 직분을 수행하려면 원고와 피고 두 사람의 입장을 모두 알아야 한다. 감정에 따라 한쪽 편만 들면 안 된다.

생각의 균형을 맞추는 훈련으로 1구 2언을 한다. 한 입으로 누말하는 훈련이다. 하나의 수제를 누고 찬성과 반대 입장에서 각각 생각하고 논리를 전개한다. 한 입으로 두말하지만 내 감정이 어떤지와는 상관이 없다. 기준은 단 하나다. 얼마나 완벽하게 논리를 전개했느냐만 평가한다. 표정 하나 변하지 않고 서로 반대인 주장을 완벽하게 전개하는 수준이 훈련의 목표다. 1구 2언은 두 가지 생각 중에서 하나를 선택하는 훈련이 아니다. 하나의 주제를 상반된 두 가지 입장에서 생각하는 훈련이다.

일상에서 1구 2언을 하면 무엇이 문제인지 쉽게 이해할 수 있다. 어느 카페에서는 모든 고객이 음료수를 주문해야 한다는 1인 1음료 제도를 운영한다. 카페에 오면 장시간 머무는 고객이 많아 이렇게라도 하지 않으면 카페 운영이 힘들다는 이유에서다. 이를 본 고객은 불만이다. 식당에서 배부르게 식사를 하고 카페에 왔는데 모두 음료수를 한 잔씩 마시라고 강제하니 기분 나쁘다고 한다. 카페는 어린아이들이 실내에서 뛰어다니다 다치거나 사고가 난다는 이유로 노 키즈 존을 선언하기도 한다. 어린아이가 있는 부모는 이에 반발하고 카페 불매 선언을 한다. 카페의 주장을 들으면 일리가 있다. 고객의 주장을 들어도 일리가 있다. 의견이 대립하는 주제에 양쪽 이야기를 자세히 들어보면 다 이유가 있고 수긍이 간다.

당신은 다른 사람이 만든 작품을 항상 돈을 내고 사용하는가? 1구 2언의 좋은 주제로 저작권 문제가 있다. 저작권을 보호하자는 주장과 저작권을 공개하자는 주장이 팽팽하게 대립한다. 둘 다 인류의 발전을 위한다는 명분을 세운다. 저작권을 보호하자는 주장은 창작에 착안한다. 저작권자는 권리를 이용해서 경제적인 이익을 얻고, 더 많은 사람이 창작 활동을 하면 결국 인류의 발전에 이바지한다는 논리다. 저작권을 공개하자는 주장은 평등에 착안한다. 저작권은 대개 비용을 지불해야만 사용할 수 있기 때문에 빈곤한 국가는 사용하기 어렵다. 저작권을 무료로 개방한다면 누구든지 저작물을 이용할 수 있으니 인류의 발전에 이바지한다는 논리다. 현재는 저작권을 보

2장. 생각의 틀을 깨고 균형을 맞춰라

호하자는 주장을 바탕으로 법과 제도가 운용되고 있다. 미래에 소수 저작권자의 독점이 문제가 되면 법과 제도는 얼마든지 바뀔 수 있다.

생각하는 힘과 논쟁하는 힘을 키운다

평평하게 펼친 손바닥 위에 테니스 공이 하나 놓여 있다. 내가 손바닥을 뒤집으면 이 공은 어디로 갈까? 나를 바라보는 당신의 입장에 따라 방향이 다르다. 내 앞에 서서 보면 공은 아래로 떨어진다. 내 앞에서 물구나무를 서서 보면 위로 올라간다. 옆으로 누워서 보면 공은 옆으로 간다. 내 머리 위에서 아래를 내려다보고 있다면 공의 위치에는 변화가 없다. 내 뒤에 서 있는 사람은 보지 않았으니 어떤 일이 있었는지 모른다.

세상은 어느 장소에서 보는가에 따라 보이는 범위가 다르다. 이 세상을 한눈에 모두 다 볼 수 있는 장소는 없다. 우주에 나가서 지구를 보아도 한쪽 면밖에 볼 수 없다. 입장이란 세상을 바라보고 있는 장소를 말한다. 장소를 조금 바꾸면 조금 다른 세상이 보인다. 어느 입장인가에 따라 보이는 세상이 달라진다. 세상을 바라보는 입장은 무한대로 있으며, 유일한 입장이란 있을 수 없다. 나에게 중요한 기준은 나의 입장이다. 같은 세상이라도 입장이 바뀐다면 당연히 다르게 볼 수밖에 없다. 나와 마주 보고 서 있는 사람에게 왼쪽을 보라고 말하면 상대방은 왼쪽을 볼까 오른쪽을 볼까? 어느 입장인지 정하지 않으면 두 사람은 정반대의 방향을 쳐다보게 된다.

세상을 바라보는 입장은 목적과 관점으로 나누어 생각할 수 있다. 목적은 보고 싶은 이미지다. 관점은 다시 시점과 시야로 구분한다. 시점은 대상을 바라보는 지점이다. 시점이 멀다거나 가깝다고 말한다. 시야는 대상을 바라보는 범위를 말한다. 시야가 넓으면 세상을 넓게 바라보며 좁으면 세상의 일부만 좁게 바라본다. 시점과 시야는 운전을 하면 금방 알 수 있다. 자동차를 타고 고속도로를 빨리 달리면 운전자의 시점이 멀고 시야가 좁아진다. 고속으로 달리면 멀리 있는 물체는 하나의 점처럼 보인다. 같은 운전자라도 복잡한 도심에서 천천히 운전하면 시점이 가깝고 시야가 넓어져서 여러 가지가 보인다. 관점이 변하면 세상이 달리 보인다. 같은 영화를 보면서도 주인공의 관점인지 조연의 관점인지에 따라 다른 느낌을 받는다. 일상생활에서 흔히 가지는 관점으로는 직업, 성별, 시간, 비용 등이 있다.

이렇듯 입장이 다르면 같은 상황을 전혀 다르게 해석한다. 1구 2언은 하나의 주제를 두 가지 입장에서 생각하는 훈련이다. 실력만 있다면 1구 5언이나 1구 8언도 할 수 있다. 한반도 문제를 한국, 북한, 미국, 중국, 일본의 입장에서 각각 논리적으로 설명할 수 있다면 1구 5언이다. 여기에 러시아, 독일, 인도의 입장까지 설명할 수 있다면 1구 8언이다. 1구 2언은 생각의 균형을 맞추기 위한 최소한의 조건이다. 1구 2언을 하는 순서는 다음과 같다.

첫째, 주제를 정한다

찬성 의견과 반대 의견이 서로 강하게 부딪치고 양쪽 의견 모두 일리가 있는 주제가 좋다. 한쪽 의견을 채택하는 경우 상대방의 반발이 매우 거세어 쉽게 한쪽 의견을 채택하기 어려운 주제로 한다. 여당과 야당이 정반대로 주장하는 안건이 있으면 이것도 좋은 주제다. 내가 평소에 열렬히 지지하거나 절대 반대하는 주장이 있으면 이런 주제도 좋다.

둘째, 하나의 주장을 전개한다

1라운드를 시작한다. 주장하는 순서는 상관이 없지만 내가 지지하는 주장이 있으면 먼저 주장한다. 평소에 지지하던 주장이니 이유나 근거를 대기가 수월하다. 감정에 호소하지 않고 공신력 있는 기관이 발표한 데이터를 근거로 사용한다. 발표하는 시간은 3분이다. 주장을 문서로 작성하면 A4 용지 반 장에 해당하는 1,000자 정도면 된다.

사회자는 2분 30초가 지나면 발표자에게 알려준다. 3분이 되면 발표를 중단시킨다. 말하고 싶은 내용이 아직 남아 있다면 발표자로서는 개운하지 않다. 못다 한 말이 입 안에 남아서 맴돌게 된다. 가장 중요한 결론을 말하지 못했다면 더욱 답답하다. 발표자 대부분은 3분이 되어 발표를 중지시키면 더 이상 말하지 않는다. 그런데 그만하라고 하는데도 불구하고 발표를 멈추지 않고 계속 말하는 사람도 있다. 입 안에 남아 있는 말을 뱉어내지 못하면 참지 못하는 성격이다. 혹은 3분을 지키는 게 너무 부담스러워 2분쯤 되면 발표를 끝내는 사람도 있다. 정해진 시간을 초과해서 발표하는 태도도 나쁘고, 너무 일찍 끝내는 태도도 나쁘다. 이런 경험을 해 본 사람은 다음부터는 결론을 미리 말하고 중요한 내용을 먼저 말하게 된다. 시간이라는 자원이 얼마나 귀중한지 알게 된다. 3분은 생각보다 긴 시간이다. 어떻게 연출하는가에 따라 성과가 달라진다. 실제로는 10초도 길다. 10초만 있어도 꽤 많은 말을 할 수 있다.

찬성인지 반대인지가 중요한 주제라면 처음부터 찬성이나 반대라고 말하면 청중들이 이해하기 쉽다. 재미있는 일화가 있다면 이 내용을 먼저 말한다. 청중들이 쉽게 집중할 수 있다. 도입부에서 크게 기대감을 주면 청중은 흥미를 가진다. 도입부에서 청중을 웃게 하는 경우도 있고 청중에게 겁을 주는 경우도 있다. 일부러 반대 의견을 말하거나 의외의 내용으로 시작하기도 한다. 시간의 순서를 바꾸기도 한다. 모두 청중의 관심을 끌기 위한 연출이다. 주장을 뒷받침하는 내용이 여러 가지 있다면 하나, 둘처럼 숫자를 세면서 말한다. 청중의 머릿속에 각인되기 쉽다. 발표 마지막에는 짧게 결론을 내린다. 말은 짧게 한다. 말과 말을 쉼표로 이어서 길게 하지 않는다. 한마디가 너무 길면 말의 힘도, 청중의 집중력도 떨어진다.

셋째, 반대 주장을 전개한다

2라운드는 입장을 완전히 반대로 바꾸어 다른 쪽을 주장한다. 조금 전까지 검다고 주장하다가 이번에는 희다고 주장한다.

	1라운드	2라운드
주장	X에 찬성한다	X에 반대한다

반대하는 주장을 논리적으로 주장하려면 먼저 감정이라는 장애물을 없애야 한다. 내가 반대하는 주장을 내 입으로 말하려면 가슴이 답답하거나 울화가 치밀어 오를 수도 있다. 감정을 중립으로 만들어야 하는데 처음에는 위화감을 느낀다. 반대 주장을 전개할 때에 앞선 주장에서 사용했던 데이터를 그대로 사용해도 된다. 같은 데이터라도 어떤 입장에서 보는지에 따라 해석이 달라진다. 같은 데이터나 같은 이론을 찬반양론의 근거로 사용할 수 있다. 물론 해석은 정반대다. 주장을 얼마나 논리적으로 주장하는지가 중요하다.

넷째, 1구 2언 디베이트를 한다

1구 2언 발표에서 발표자는 말하고 청중은 듣는다. 반면 1구 2언 디베이트는 두 팀으로 나뉘어 논쟁을 벌이는 훈련이다. 1구 2언 디베이트도 1라운드와 2라운드로 나눠 진행한다. 1라운드에서 A팀은 찬성하고 B팀은 반대한다. 두 팀은 각자의 주장을 전개하면서 동시에 상대 팀의 논리에서 드러난 허점을 추궁한

	1라운드	2라운드
A팀 주장	X에 찬성한다	X에 반대한다
B팀 주장	X에 반대한다	X에 찬성한다

다. 디베이트에서는 질문도 준비한다. 상대방의 답변에 허점이 드러나길 바라면서 질문한다. 20분에서 30분 정도로 정한 시간이 되면 1라운드를 마친다.

잠시 쉬었다가 2라운드를 시작한다. 이번엔 입장을 거꾸로 바꿔서 A팀은 반대하고 B팀은 찬성한다. 논리의 근거가 되는 데이터는 상대 팀이 사용했던 내용을 그대로 사용해도 되지만 해석은 정반대다. 상대 팀이 사용하지 않았던 근거를 제시해도 좋다. 상반된 두 의견을 주장하는 디베이트는 생각하는 힘과 논쟁하는 힘을 기른다.

1구 2언 발표가 초급이라면 1구 2언 디베이트는 고급이다. 1구 2언 발표는 두 개의 논리만 준비하면 되지만, 1구 2언 디베이트는 준비해야 하는 논리가 훨씬 더 많다. 1라운드에서 상대방이 특정한 논리를 사용했다면 2라운드에서 같은 논리를 내가 사용할 수 없다. 1라운드에서 상대방이 어떤 논리를 사용할지 모른다. 2라운드에서 내가 사용하려고 준비한 논리를 1

라운드에서 상대방이 사용할 수 있다. 내가 준비한 논리 중에서 1라운드에 상대방이 사용하지 않은 논리만 2라운드에서 내가 사용할 수 있다. 다양한 논리를 준비하지 않으면 2라운드에서 내가 사용할 논리가 없다. 이런 이유로 디베이트를 하기 전에 다양한 논리를 준비해야 한다. 어떤 논리도 완벽할 수 없다. 논리의 장점과 함께 한계와 모순도 준비해야 한다. 상대방이 논리의 장점을 주장한다면 나는 그 논리의 한계를 주장한다. 이렇듯 준비할 것이 많은 디베이트는 혼자서 준비하기 벅차기 때문에 한 팀에 두 명씩 구성한다.

1구 2언으로 얻는 두 가지 효과

발표자는 듣는 훈련을 한다

1구 2언 발표가 끝난 후 청중의 의견 듣기가 이어진다. 발표자는 스스로의 모습을 보지 못하기 때문에 자신의 발표가 어떠했는지 알고 싶다. 어떤 내용을 이해하기 어려웠을까? 발표하는 자세는 어땠을까? 이런 궁금증에 대해서 청중은 발표자에게 "이런 점을 저렇게 고치면 더 좋은 발표가 되겠다"라고 알려준다. 이때 청중은 조언이나 비판은 할 수 있지만, 칭찬을 일절 하지 못하도록 규칙을 정한다. 그리고 발표자는 어떤 비판을 듣더라도 일체 변명하거나 설명하지 못한다. 그저 듣고만 있어야 한다. 발표자가 가장 힘들어 하는 건 반론하지 못하는 점이다.

청중의 비판을 듣고만 있으려면 발표자는 입이 근질근질하다. 그러다 끝까지 참지 못하고 길게 해명하는 사람도 간혹 있다. 아무리 말려도 멈추지 못한다. 다른 사람의 한마디에 참지 못하고 즉시 반발하거나 길게 변명하는 사람은 걱정된다. 그런 사람이 리더라면 더 걱정이다. 리더는 감정보다 이성이 앞서야 한다고 '머리'로는 생각한다. 하지만 막상 자신이 리더가 되면 변하기 마련이다. 자만심이 생기고 자신은 항상 옳다고 믿는다. 다른 사람이 나를 비판하면 분노한다.

모든 사람은 자신의 논리를 주장하지만 어떤 논리라도 반드시 허점이 있기 마련이다. 나의 허점은 내 눈에는 보이지 않는다. 내가 보고 싶은 부분만 보게 된다. 허점을 보려면 타인의 도움이 필요하다. 이렇게 생각하면서도 막상 내 논리를 비판하는 사람이 있으면 감정적으로 반발하기 쉽다.

나를 비판하는데 아무 말 없이 듣고만 있기는 참 어렵다. 변명하고 싶고 설명하고 싶다. 그런데 말을 못한다. 비판을 듣기만 하고 변명이나 설명은 일절 못한다. 사회에서는 다른 사람이 나를 비판하더라도 일일이 설명할 방법이 없다. 인터넷이라면 상대방이 어떤 사람인지도 모른다. 인터넷이나 언론에 공개된 발언은 절대로 취소할 수 없다. 내가 한 말의 일부만 잘려서 공개되기도 한다. 반론할 기회는 당연히 없다. 인터넷에 넓게 퍼지면 누구에게 반론해야 좋을지도 모른다. 그러니 애당초 말을 할 때 주의해야 한다. 한번 말을 했으면 그걸로 끝이다. 다시 주워 담을 수는 없다. 말하기 전에 신중하게 생각하고 일단 말을 하고 나면 그 말에 책임을 져야 한다. 이러한 현실을 자각한다.

1구 2언은 발표하는 형식을 빌어 듣는 훈련이다. 또한 비판을 받아들이는 훈련이다. 비판을 들으면서 내 생각의 모순과 한계를 파악한다. 비판을 받아들일 수 있는 능력은 훈련으로 만들 수 있다. 훈련을 거듭하면 나중에는 비판을 받아도 나쁘게 생각하지 않으며 편안한 마음으로 듣는다. 상대방이 나를 비판하면 "맞아, 그건 그래"라며 맞장구를 칠 수 있는 게 훈련의 성과다. 상대방이 나의 무엇을 비판하는지 이유를 이해할 수 있을 정도가 되는 게 목표다. 나의 부족한 점을 구체적으로 비판하고 조언해주는 사람이 있다는 건 행운이다.

청중은 질문하는 훈련을 한다

청중은 발표자의 주장을 들으면서 논리의 허점이나 모순을 찾는다. 발표자를 앞에 두고 청중은 논리 전개의 부족한 점이나 개선해야 할 점을 지적한다. 주장에서 사용한 근거에 대해서 추가할 부분이나 빼는 게 좋은 부분이 있으면 역시 지적한다. 잘했던 내용은 특별히 말하지 않아도 된다. 부족한 점을 지적하는 편이 발표자에게 더 많은 도움이 되기 때문이다.

발표자에게 듣는 훈련을 시키는 사람은 청중이다. 질문을 제대로 해야 발표자에게 도움이 되기 때문이다. 청중이 발표자를 비판하는 내용은 조언이든 충고든 구체적이어야 효과가 있다. 학생에게 공부 열심히 하라고 말하면 이는 조언이 아니다. 무슨 과목을 어떤 방식으로 공부하라고 말해야 조언이다. 발표하는 자세를 바르게 하라고 말해도 조언이 아니다. 발표할 때의 자세가 어떠했는데 이렇게 저렇게 고치라고 구체적으로 말해야 한다. 자신의 경험을 바탕으로 조언해도 큰 효과는 없다. 경험담은 잔소리가 되기 쉽다. 내가 해봐서 안다는 식의 비판도 의미가 없다. 시간과 환경이 다르면 교훈도 달라진다.

무엇보다 사람이 다르다. 청중이 하는 비판이 구체적이고 공정할수록 발표자에게 도움이 된다.

청중은 평론가의 자세를 버린다. 상대방이 평론가처럼 말하면 더 이상 듣기 싫다. 세상에서 유일하게 옳은 일은 없다. 많은 사람이 지적한다고 해서 그게 반드시 옳다는 근거도 없다. 청중과 발표자는 같은 눈높이를 가져야 한다. 다른 사람을 평가하면 나도 모르게 윗사람의 시선이 된다. 발표자에게 조언하면서 청중은 발표자를 아래로 내려다본다. 평가를 받는 사람은 조언이 문제가 아니라 상대방의 시선이 마음에 들지 않는다. 거부감이 들면 아무리 좋은 말을 들어도 감사한 마음이 생기지 않는다.

누구나 매일 200번씩 1구 2언을 한다

모든 사람은 본인도 모르는 사이에 매일 1구 2언을 한다. 참말과 거짓말이다. 나의 본심이 1언이고 거짓말이 2언이다. 국립국어원 표준국어대사전에 보면 거짓말은 "사실이 아닌 것을 사실인 것처럼 꾸며대어 하는 말"이다. 기분이 나쁜데 "기분이 좋다"고 말하면 거짓말이다. 약속이 없는데 "선약이 있다"고 말하면 거짓말이다.

우리는 얼마나 자주 거짓말을 할까? 매사추세츠대학교 로버트 펠드먼 교수는 거짓말 횟수를 세어 보았다.[9] 서로 모르는 성인 60명을 두 명씩 짝을 짓게 하고 일상적인 대화를 나누게 하면서 모든 대화 내용을 관찰했다. 성인들은 평균 10분에 세 번 거짓말을 했다. 한 시간에 18번이고 12시간이면 216번이다. 성인들은 거짓말을 많이 한다는 의식이 없었다. UCSF 폴 에크먼 교수도 실험에서 비슷한 결과를 얻었다.[10] 참가자 20명에게 마이크를 달아주고 이들이 하는 모든 말을 녹음했다. 내용을 분석해보니 참가자들은 하루에 약 200번 거짓말을 했다. 사소한 거짓말까지 포함하면 8분에 한 번 거짓말을 했다. 연구에서 얻은 결론은 동일하다. 사람은 누구나 거짓말을 매우 자주한다.

어린아이도 거짓말을 한다. 맥길대학교 빅토리아 탈와르 교수의 연구에 의하면 아이는 두 살에서 세 살이 되면 거짓말을 한다.[11] 네 살이 되면 두 시간에 한 번 거짓말을 한다. 여섯 살이 되면 한 시간에 한 번 거짓말을 한다. 어린아이는 부모를 만족시키기 위해서 거짓말을 한다. 부모와의 관계를 좋게 하고 부모를 실망시키고 싶지 않다는 의도가 있다. 워털루대학 애니 윌슨 교수가 연구한 결과도 비슷하다.[12] 두 살 아이의 65 퍼센트, 네 살 아이의 85퍼센트, 여섯 살 아이의 95퍼센트는 거짓말을 한다. 네 살 아이는 두 시간에 한 번은 거짓말을 한다. 여섯 살 아이는 한 시간 반에 한 번 거짓말을 한다. 열 살이 되면 오히려 거짓말이 줄어든다. 거짓말에는 대가가 따른다는 사실을 알게 되면서다. 학교에 가기 싫어 아프다고 거짓말하면 병원에 가서 주사를 맞아야 한다. 주사 맞기보다 차라리 학교 가는 게 낫다고 생각하면 아프다는 거짓말을 하지 않는다.

나를 방어하거나 허세를 떨기 위한 거짓말은 본능에 가깝다. 거짓말을 한다는 인식조차 없다. 나를 위한 거짓말은 증명하기도 어렵다. 가족이나 조직을 방어하려는 거짓말도 있다. 거짓말을 한다고 해서 반드시 악의적이라고는 할 수 없다. 상대방의 기분을 맞추거나 분위기를 좋게 만들려는 선의의 거짓말도 있고 상대방을 배려하는 거짓말도 있다. 동창생이 모이는 SNS에서는 "한번 만나자"라는 말이 수시로 오고 간다. 실제로는 십 년에 한 번도 만나지 않는다. 이런 거짓말은 소통을 위한 작은 도구에 가깝다.

잊어버렸기 때문에 하는 거짓말도 있다. 베를린대학교 헤르만 에빙하우스 교수는 망각곡선을 주장했다.[13] 의미가 없는 내용을 기억하면 하루 만에 대부분 잊어버린다. 어제 점심에 무얼 먹었는지 생각해도 기억나지 않는다면 어제 점심 식사는 의미가 없었기 때문이다. 어떤 점심 식사는 몇 년이 지나도 상세한 부분까지 기억난다. 시간이 지나면 기억은 사라지는데 억지로 기억하려고 하면 뇌가 기억을 보완한다. 잊어버린 부분을 뇌가 보완하고 기억을 대체하면 자각하지 못하는 거짓말이 된다. 추억이 아름다운 이유는 기억의 많은 부분이 거짓말이기 때문이다. 시간이 가고 거짓말로 채워지면서 참말처럼 기억한다.

모든 사람이 이렇게 자주 거짓말을 하는데 거짓말을 판단할 수 있을까? UCLA 심리학 교수인 셸리 테일러의 연구에 의하면 사람은 나이가 들수록 거짓말을 판단하지 못한다.[14] 거짓말을 판단하는 전측 뇌섬엽의 기능이 점점 퇴화하기 때문이다. 노인들은 거짓말을 들어도 젊었을 때처럼 뇌가 활발하게 반응하지 않고 불신할만한 사람을 봐도 의심하지 않는다. 거짓말 탐지기도 있다. 검사를 하기 전에 먼저 가벼운 질문을 한다. 이름이나 직업처럼 참말과 거짓말을 쉽게 구분할 수 있는 질문이다. 질문에 답하는 사람의 호흡, 맥박, 혈압, 땀의 수치가 어떻게 변하는지 확인하는데 참말과 거짓말을 구분하기 위한 사전 작업이다. 검사에서는 거짓말을 하는지 알고 싶은 내용을 반복해서 질문한다. 거짓말 탐지기가 모든 거짓말을 판단하지는 못한다. 우리는 거짓말을 하고 거짓말을 들으면서 살아갈 수밖에 없다.

'클레임 1구 2언'을 잘하는 기업이 성공한다

기업은 매출을 올리고 원가를 절감하기 위해 노력한다. 노력에는 고객 관점에서 나오는 클레임도 포함되어야 한다. 클레임이 전혀 걸리지 않는 조직은 없기 때문이다. 시간이 지나면 고객이 변한다. 고객이 변하면 클레임도 변한다. 기업은 과거와 현재 고객의 입장만이 아니라 미래 고객의 입장이 되어 스스로에게 클레임을 건다. 특히 미래 고객의 클레임은 중요한 의미가 있다. 기업이 미래에도 생존하려면 반드시 확보해야 하는 고객이기 때문이다.

기업문화, 사원, 계약, 상품, 서비스, 문제해결 방식 등 기업의 모든 활동은 클레임 대상이다. 기업은 기업과 고객의 입장

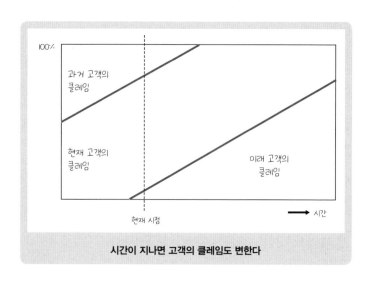

시간이 지나면 고객의 클레임도 변한다

에서 '클레임 1구 2언'을 반복하면서 예상되는 문제를 미리 해
결한다. 이런 과정을 클레임 디자인이라고 하며, 클레임 1구 2
언을 전문으로 하는 사람을 '스마트 클레이머'라고 한다.[15] 클
레임 디자인을 통해서 상품과 서비스의 완성도는 높아진다. 기
업의 체질은 강화되어 고객과의 관계도 더욱 윤택해진다. 스마
트 클레이머는 고객의 입장에서 아직 존재하지 않는 상품과 서
비스에 클레임을 걸고 해결 방법도 함께 제시한다. 스마트 클
레이머는 사원이나 고객 중에서 육성할 수 있고, 스마트 클레
이머 양성과정은 초급, 중급, 고급과정으로 나눌 수 있다.[16]

초급과정은 일상생활에서 클레임을 걸고 해결하는 정도의 수준이다. 클레임의 범위를 정하고 클레임을 해결하는 수준을 사죄, 배상, 교환 등으로 구분한다. 클레임 해결에 필요한 기간과 비용을 산정한다. 중급과정은 기계제품, 전자제품, 건축물, 냉동식품과 같이 전문 지식이 필요한 분야를 대상으로 한다. 설계된 클레임은 제품 개발에 활용할 수 있는 수준이다. 고급과정은 경영에 활용할 수 있는 수준의 클레임을 설계한다. 주가 하락, 마케팅, 경영파트너, 기업의 사회공헌 등 경영활동 전반을 대상으로 사례를 연구한다. 클레임 1구 2언으로 고객과 기업의 관점에서 다양한 상황을 예측하고 준비하는 기업이 성공한다.

1구 2언,
생각 균형을 맞추는 훈련

좋은 생각만 하면 허풍에 빠지고
나쁜 생각만 하면 절망에 빠진다.
생각하는 사람은 시소를 탄다.
정반대 생각을 함께 해서 균형을 맞추어야
생각이 튼튼하게 자란다.

05 사분법, 생각의 방향을 확장하라

셰익스피어는 《햄릿》에서 명대사를 남겼다. "죽느냐 사느냐 이것이 문제로다." 이분법 생각의 대표적인 대사다. 이분법으로 물어보면 어느 하나를 선택해야 한다. 이분법은 인간의 본성에 강렬하게 호소하므로 대중을 선동하기 쉽다. 선동가는 의도적으로 상황을 두 가지로 분류한다. 사회는 둘로 나뉘고 서로를 비난한다.

이분법에서 분류하는 두 가지는 공정하지 않다. 하나는 명분이 뚜렷하고 다른 하나는 명분이 부족하다. 상황을 공정하게 두 가지로 나눌 수 있는 경우는 드물다. 모든 상황은 원인이 다양하고 이해관계도 복잡하므로 공정하게 둘로 나누기 어렵다. 어떤 상황이든 긍정적인 면도 있고 부정적인 면도 있지만 이분법에서는 이런 상식이 사라진다. 이분법에서는 어떤 일을 '할까, 말까'로 묻는다. 왜 해야 하는지 혹시 한다면 언제 할지 등 다양한 관점이 필요한데 이분법은 이를 무시한다. 이분법의 폐해를 인식해야 한다.

다행이 모든 이분법은 사분법으로 만들 수 있다. 하나의 이분법이 있다면 여기에 새로운 이분법을 하나 더 추가한다. 이분법은 나쁘지만 이분법을 두 개 동시에 사용해서 사분법을 사용하면 효과가 크다. 이분법에는 한 개의 관점만 있지만 사분법에는 두 개의 관점이 들어간다. 질문에 대답을 하기 위해 새로운 관점을 도입한다. 관점이 늘어난 만큼 생각의 방향이 늘어난다. 할까 말까라는 질문에 하나만 선택해야 한다는 편견에서 벗어난다. 편견을 깨고 새로운 생각을 만들면 한 번도 생각해 보지 않았던 새로운 방법을 찾을 수 있다.

사분법으로 생각하기

사분법의 형식은 기계적으로 만들 수 있다. 처음에 만든 이분법은 관점이 있다. 그러나 새롭게 추가하는 이분법은 관점이 정해져 있지 않으며, 다양한 관점에서 주제를 만들 수 있다. 관점을 바꾸어가면서 여러 개의 이분법을 만들 수 있다.

이분법을 두 개 모아 세로축과 가로축으로 나열해서 사분법을 만드는 방식은 뇌가 기억하는데 도움이 된다. 마법의 숫자 7을 제시했던 조지 밀러 교수는 "네 개를 기억해야 한다면 두 개와 두 개로 나누라"고 조언한다.[1] 왼쪽에 두 개, 오른쪽에 두 개가 있으면 더 잘 기억한다는 이유에서다. 원숭이를 이용한 실험 결과를 보면 시각적 워킹 메모리는 뇌의 왼쪽과 오른쪽으로 분할되어 있고 두 반구 사이에 기억 부하를 전달할 수 없음을 시사한다. 기억할 물건이 한쪽에 세 개, 다른 쪽에 한 개가 있다면 더 가벼운 쪽이 다른 쪽의 짐을 덜어줄 수 없다는 의미다. 뇌는 기억해야 하는 정보의 양을 최대화하기 위해 해당 정보를 시야의 양쪽에 고르게 배치하기를 원한다.

1단계: 이분법 매트릭스를 만든다

이분법으로 생각하면 하나의 주제에 두 가지 의견이 대립한다. 두 의견은 찬성과 반대가 팽팽하다. 자동차를 살까 말까 생각한다면 '구입'이라는 관점에서 이분법 매트릭스를 만든다.

2장. 생각의 틀을 깨고 균형을 맞춰라

매트릭스의 가로축에 적는 주제는 '자동차를 살까?'이다. 찬성하는 사람은 자동차를 산다. 반대하는 사람은 자동차를 사지 않는다.

자동차를 살까?	
찬성	반대
산다	안 산다

2단계: 사분법 매트릭스를 만든다

이분법으로 정리한 생각을 어긋나게 배치해서 사분법을 만든다. 아직 두 번째 이분법의 관점이 정해지지 않았으므로 완전한 사분법은 아니다.

자동차를 살까?	
찬성	반대
산다	
	안 산다

3단계: 두 번째 이분법의 관점을 정한다

두 번째 이분법의 관점은 하나가 아니다. 어떤 관점이라도 좋다. 자동차를 구매하는 시기가 될 수도 있고 자동차를 사용하는 지역이 될 수도 있다. 자동차를 대체하는 다른 교통수단이 될 수도 있다. 지식이 많으면 다양한 관점에서 생각할 수 있다. 어느 관점이 좋은지는 아직 모르니 생각나는 관점을 모두 나열해서 평가한다.

?		자동차를 살까?	
		찬성	반대
?	?	산다	
	?		안 산다

4단계: 사분법 매트릭스를 완성한다

두 번째 이분법의 관점으로 자동차 렌털을 선택했다. 자동차 렌털 역시 찬성과 반대의 이분법으로 구분할 수 있다.

자동차 구입과 자동차 렌털에 모두 찬성인 경우가 있다. 소형 자동차를 구입하지만 필요하면 대형 자동차를 렌털한다. 자동차 구입은 하지 않고 렌털하는 경우에는 필요한 시기만 자동차를 사용한다. 자동차를 구입하고 렌털하지 않는 경우에는 내 차만 사용한다. 자동차를 구입하지 않고 렌털도 하지 않는 경우에는 지하철과 버스를 타고 다닌다.

자동차를 어찌할까?		자동차를 살까?	
		찬성	반대
자동차를 빌릴까?	찬성	자동차를 구입하고, 필요하면 자동차를 렌털한다.	자동차를 구입하지 않고, 필요한 시기에만 렌털한다.
	반대	자동차를 구입하며, 렌털은 하지 않는다.	지하철과 버스를 타고 다니며, 가까우면 걸어 다닌다.

사분법으로 기업을 분석하면

하버드대학교 게리 피사노 교수와 밀라노공과대학의 로버트 베르가니모 교수는 여러 기업이 협력하는 형태를 '참여 형태'와 '지배구조'라는 두 개의 관점으로 나누어 사분법을 제시한다.[2]

먼저 참여 형태는 개방형 협력과 밀폐형 협력으로 구분한다. 개방형 협력은 완전히 개방된 환경에서 외부기업과 협력하는 형태다. 사례로는 오픈소스 소프트웨어 프로젝트가 있다. 리눅스, 아파치, 모질라의 개발 프로젝트가 여기에 해당한다. 누구나 참가해서 해결 방법을 제안할 수 있다. 참가자가 늘어나고 아이디어가 너무 많으면 채택되는 해결 방법은 오히려 감소한다.

밀폐형 협력은 선택된 영역에서 해결 방법을 구할 수 있다. 작은 방법으로 문제를 해결할 수 있는 경우에 좋다. 밀폐형은 문제에 집중하기가 수월하다. 문제를 해결하기 위해서 하나 혹은 두 개의 파트너와 협력한다. 일반적으로 밀폐형 협력에서는 개방형 협력보다 문제의 크기가 훨씬 작다. 밀폐형 협력을 선택했다면 이는 두 가지 전제를 포함하고 있다. 하나, 문제를 해결하기 위해서 가장 적합한 지식 영역을 알고 있다. 둘, 이 영역에서 적절한 협업 파트너를 스스로 고를 수 있다. 가장 좋은 파트너를 찾기 위해서는 밀폐형 협력이 개방형 협력보다 효율적이다.

다음 관점인 지배구조는 수직구조와 수평구조로 구분한다. 수직구조는 절대자가 가치와 방향을 제어한다. 절대자가 문제를 정의하는데 필요한 능력과 지식을 가지고 있으면 효율적이다. 수평구조는 참여자들이 위험을 함께 부담하며 이익도 공유한다. 절대적인 능력을 가진 참여자가 없을 때 사용하는 구조다. 모든 참가자의 역할은 동등하며 중요한 내용을 정하기 위한 권한도 동등하다.

이러한 사분법에 맞추어 애플의 경우를 보면, 협력 형태가 고정되지 않고 계속 변한다.

① **애플은 엘리트 서클에서 시작한다.**

애플의 전략은 제품을 통합해서 하나의 시스템으로 유지하는 생태계다. 애플의 모든 제품은 하나로 통합된다. 이런 특성 때문에 애플은 밀폐형의 협력 형태를 선호한다. 외부 기업의 개발 상황을 애플이 제어하기가 쉽다는 이유로 아이폰을 개발할 때 밀폐형 협력에 의한 엘리트 서클을 선택했다.

② **애플은 이노베이션 몰로 바꾸었다.**

일단 아이폰이 개발되자 새로운 소프트웨어나 앱을 추가해서 기능을 풍부하게 할 필요가 생겼다. 고객에게 제공하는 기능은 외부의 개발자가 담당하도록 만들었다.

③ **애플은 이노베이션 커뮤니티로 변했다.**

애플은 외부 조직의 개발자에게 개발 방향을 제시한다. 외부 개발자들이 앱을 개발할 수 있도록 커뮤니티를 확장했다. 외부 개발자들은 애플 플랫폼에서 고객과 직접 소통할 수 있다.

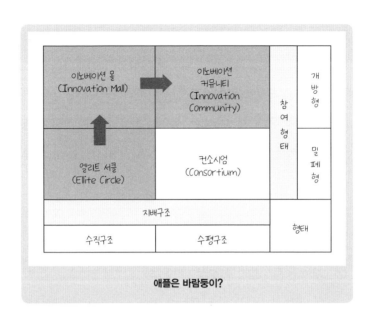

애플은 바람둥이?

사분법의 새로운 형태, 만도항가 생각법

다나카 고이치는 대학을 졸업하고 기업에서 일하는 연구자다. 석사나 박사학위도 없고 연구논문도 적다. 그는 20여 년을 월 급쟁이로 일했으며 언론에 소개된 적도 없다. 그러나 다나카 는 단백질 질량분석 방법을 개발해서 인류에 공헌했다는 이유 로 2002년 노벨 화학상을 수상했다. 다나카의 노벨상 수상은 많은 사람들에게 커다란 감동을 주었다. 그의 수상을 되돌아

보면서 나는 의문이 생겼다. 평범한 직장인이던 다나카는 어떻게 노벨상을 받았을까? 이 질문에 대답하기 위해서 사분법을 만들었다. 가로축에는 생각의 주체라는 관점에서 '나만'과 '나도'로 분류했다. 세로축에는 행동의 빈도라는 관점에서 '항상'과 '가끔'으로 분류했다. 이 생각법에 '만도항가'라고 이름 붙였다.

- **나만 항상 그렇게 생각한다.**

  유아독존 타입으로 항상 내 마음대로 생각한다. 당신은 어느 별에서 왔냐는 말을 듣는다. 항상 소수파가 되므로 다른 사람을 설득하기가 어렵다.

- **나만 가끔 그렇게 생각한다.**

  돌연변이로 차별화의 근원이다. 자다가 봉창 두드린다는 말을 듣는다. 다나카는 실험을 준비하면서 섞지 말아야 할 재료를 실수로 섞게 되었다. 재료를 쓸까? 버릴까? 고민하던 그는 나중에 어차피 버릴 거지만 어떤 결과가 나오는지 확인이라도 하고 싶다고 생각했다. 모든 연구자는 재료를 잘못 섞었으면 버린다. 잘못 섞은 재료를 사용해서 실험하

만도항가		생각의 주체	
		나만	나도
행동의 빈도	항상	어느 별에서 왔냐?	성격이 무난하다.
	가끔	자다가 봉창 두드린다.	오늘은 웬일이야?

는 사람이 좋은 연구자인가? 잘못 섞은 재료는 버리고 다시 정확하게 섞어서 실험하는 사람이 좋은 연구자인가? 대부분 잘못 섞은 재료를 버리고 다시 제대로 섞어서 준비한다. 다나카만 가끔 잘못을 알면서도 그대로 실험했다. 이 실험에서 새로운 결과가 나왔고 노벨상으로 이어졌다.

- **나도 항상 그렇게 생각한다.**

일편단심이다. 언제나 다수의 의견에 동조한다. 성격이 무난하다는 말을 듣는다. 건널목을 건널 때 가장 안전한 순간은 모든 사람이 함께 건널 때라고 생각한다. 신호를 무시하건 법을 무시하건 모두 함께라면 문제가 없다고 여긴다.

- **나도 가끔 그렇게 생각한다.**

동조압력을 느끼면 다른 사람의 의견에 따른다. 오늘은 웬

일이냐는 말을 듣는다. 회의에서 소수파에 속하면 불안하므로 생각이 달라도 다수파를 따라간다. 회의에서 처음에는 다양한 생각이 나오다가 어느 순간부터 의견이 하나로 모아진다.

다른 기업과 경쟁할까? 말까?

어느 기업이나 경쟁과 협력은 중요한 문제다. 이렇게 중요한 문제를 이분법으로 생각하면 위험하다. 딸기농장, 필름회사, 제약회사, 화장품회사는 서로 어떤 관련이 있을까? 이들은 서로 다른 업종에 속해 있지만 하나의 상품을 놓고 경쟁하는 관계다. 바로 화장품이다. 딸기농장은 딸기의 향기와 성분을 이용해서 화장품을 만든다. 필름회사인 후지필름은 필름 제조 공정에 사용하는 나노기술을 이용해서 미세한 입자를 가진 화장품을 만든다. 제약회사인 로토제약은 안약 제조 기술을 이용해서 화장품을 만든다. 화장품회사도 여전히 화장품을 만든다. 화장품이라는 상품을 두고 여러 업종에 속한 기업이 경쟁한다. 경쟁자가 누구인지 알 수 없는 시대다. 같은 업종에 있는 경쟁자라면 분석할 수 있지만 다른 업종에 속한 경쟁자는 쉽게 분석하기 어렵다.

미래의 경쟁자가 누구인지 궁금하다면 눈에 드러나지 않은 다른 업종의 경쟁자를 생각해야 한다. 미래의 경쟁자는 지금까지 한 번도 생각해 본 적이 없는 업종에서 등장한다. 경쟁자가 변하면 협력자도 변한다. 기술이 변하면 시장이 변하고 경쟁자도 바뀐다. 이런 관계를 사분법으로 생각할 수 있다.

사분법에는 네 가지 전략이 가능하다. 같은 업종 기업과 경쟁하면서 다른 업종 기업과도 경쟁한다면 혁신 전략이 필요하다. 이런 시장은 경쟁이 치열하기 때문이다. 자율주행차나 우

협쟁전략		같은 업종 기업과	
		경쟁한다	협력한다
다른 업종 기업과	경쟁한다	[혁신 전략] 사방팔방이 모두 경쟁자다. 기업이 생존하려면 혁신을 계속해야 한다.	[진입장벽 전략] 같은 업종 기업들이 힘을 모아 이업종 기업이 시장에 진입하지 못하도록 장벽을 만든다.
	협력한다	[외계 지원군 전략] 같은 업종 타사와 경쟁하기 위해 다른 업종 기업과 협력한다.	[비빔밥 전략] 컨소시엄을 만들어 여러 업종에서 다양한 기업이 참여하고 협력한다.

주 개발처럼 미래 시장에서 보이는 현상이다.

같은 업종 기업과는 협력하면서 다른 업종 기업과 경쟁하는 경우는 진입장벽 전략을 세운다.

같은 업종 기업과는 경쟁하고 다른 업종 기업과 협력하는 경우는 외계에서 지원군을 받는 전략이다. 제조기업이 통신기업의 협력을 바탕으로 시장 점유율을 높이는 현상이다.

같은 업종 기업과도 협력하고 다른 업종 기업과도 협력하기도 한다. 컨소시엄을 만들어 여러 기업이 참여하고 협력하는 비빔밥 전략이다. 슈퍼컴퓨터를 개발하거나 빅데이터를 활용하는 상황이다.

사분법으로 편견을 깨고
생각을 확장하라

할까? 말까?
고민이 되면 망설이지 말고 사분법을 만든다.
생각의 방향을 늘리면 지금까지 생각해본 적이 없는
새로운 방법이 떠오른다.

뉴욕 월스트리트에서 잘 나가던 서른 살의 청년 투자가 제프 베이조스는 인터넷에서 상품을 판매하는 사업을 떠올렸다. 인터넷 초창기인 1990년대 초에 인터넷 창업은 위험이 큰 사업이었다. 그는 안정적인 인생보다 실패하더라도 도전하는 인생을 살겠다며 인터넷 기업을 창업하기로 결심했다. 베이조스는 자신이 창업할 기업의 비즈니스 모델을 그림으로 그렸다. 냅킨에 낙서처럼 그렸지만 지금은 가장 유명한 비즈니스 모델 중의 하나다. 베이조스는 생각의 핵심을 그리고 여기에 '선순환virtuous cycle'이라고 이름 붙였다.

베이조스가 냅킨에 그린 그림을 보면 중앙에 성장growth이

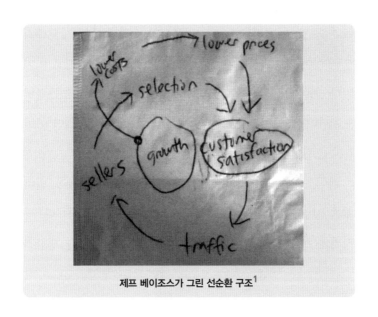

제프 베이조스가 그린 선순환 구조[1]

라고 적고 원으로 둘렀다. 기업의 성장이 목표라는 의미다. 목표를 중심에 두고 두 방향으로 몇 개의 화살표가 이어진다.

　베이조스의 비즈니스 모델은 플라이휠flywheel이라고 불린다. 첫 번째 플라이휠은 트래픽traffic이 중심이다. 트래픽이 늘어날수록 판매자sellers가 늘어나고 고객은 판매자를 선택selection할 수 있으므로 만족도customer satisfaction가 올라간다. 그러면 트래픽이 늘어나는 선순환이 가능하다. 두 번째 플라이휠은 낮은 가격이 중심이다. 낮은 비용lower costs으로 구매하고 낮은 가격

lower price으로 판매하면 고객 만족도가 올라가고 이는 트래픽으로 이어진다. 두 개의 플라이휠은 모두 고객 만족으로 이어진다. 베이조스가 만든 생각의 핵심은 그림 한 장에 고스란히 드러난다. 베이조스의 그림은 세계 최대 인터넷 상점인 아마존으로 실현되었다.

베이조스가 그린 그림만큼 유명하지는 않지만 매우 의미 있는 그림도 있다. 인터넷의 구조를 처음 그린 그림이다. 작성자가 누구인지 기록은 남아있지 않지만 인터넷을 생각하

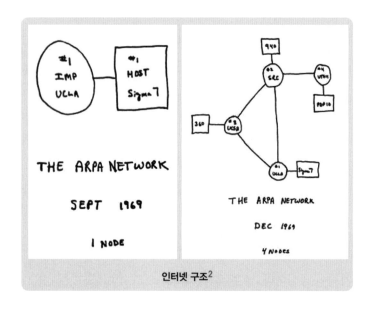

인터넷 구조[2]

는 기술자가 생각의 핵심을 그린 그림이다. 이 그림은 아파넷의 프로토콜 구조를 나타낸다. 아파넷은 1969년에 미국이 진행한 세계 최초의 패킷 스위칭 네트워크다. 인터넷의 출발점이라 할 만하다. 그림을 보면 네트워크 모델을 사용해서 컴퓨터는 노드로 표현하고 다른 컴퓨터와의 연결은 엣지로 그렸다. 이름 모를 작성자가 1969년 9월에 그린 그림에는 노드가 UCLA 하나였는데 12월에는 노드가 네 개로 늘었다. 캘리포니아대학교 산타바바라, 스탠퍼드연구소, 유타대학교가 새로 연결되면서다.

인터넷이 개발된 초기에는 종류가 다른 네트워크는 서로 연결되지 않았다. 인터넷이 확장되면서 네트워크의 네트워크를 만드는 작업이 시작되었다. 이 그림을 그린 지 50년이 지나고 인터넷이 네트워크의 네트워크로 확장된 지금도 인터넷 구조를 설명하려면 이 그림을 사용할 수 있다.

생각의 핵심을 그림으로 그리는 법

그림으로 그리면 생각의 핵심을 표현하기 수월하다. '생각 입력, 그림 출력'이라 할 수 있다. 그림으로 그리면 어렵고 복잡한 내용도 간결하게 한눈에 알 수 있다. 기업 성장이나 고객 만족처럼 추상적인 개념도 베이조스의 그림처럼 그릴 수 있다. 인터넷을 처음 개발하는 단계에 인터넷 그림을 그리면 해결하려는 문제가 무엇인지 이해하기 쉽다. 이런 이유로 기업에서는 업무 매뉴얼에 플로우차트를 그려서 업무를 통제하거나 점검할 포인트를 제시한다.

생각의 핵심이 제대로 만들어지지 않으면 그림을 그릴 수 없다. 그림을 보면서 생각의 핵심을 이해할 수 있다. 어떤 생각을 하는지 이해하기 쉬우며, 지금까지 놓치고 보지 못한 허점을 발견할 수도 있다. 그림을 보면서 생각을 더 깊고 넓게 확장 시킨다. 생각이 아니라 그림에 집중한다. 그림을 다양한 형태로 바꾸면 이에 맞는 생각이 떠오른다.

이와는 반대로 그림을 먼저 그린 후에 그림을 보면서 생각을 확장하는 '그림 입력, 생각 출력'도 있다. 생각의 핵심이 만들어지지 않은 상태에서 먼저 그림을 그린다. 그림을 보고 수정하면서 생각의 핵심을 만들어 나가는 방법이다. 기본 도형을 먼저 그리는데 흔히 볼 수 있는 그림이라도 좋다. 109쪽의 기본 도형에서 가로축은 공급량이고 세로축은 만족도이다. 공

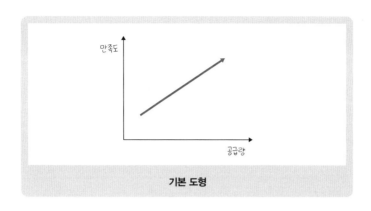

기본 도형

급량이 늘어나면 만족도 역시 증가한다는 의미다.

기본 도형을 이용해서 응용 도형을 그린다. 어떤 생각을 하는지는 상관없다. 그림에만 변화를 준다. 가능하면 그림에 이름을 붙인다.

- 숙성형: 공급량이 늘어나면 만족도가 조금씩 올라가다가 어느 시점부터 크게 올라간다.
- 급발진형: 처음에 만족도가 급히 올라가지만 어느 시점부터는 더 이상 올라가지 않는다.
- 수명 주기형: 처음에는 만족도가 낮지만 어느 시점부터 급속히 올라간다. 어느 정도 올라간 후에는 더 이상 만족도는

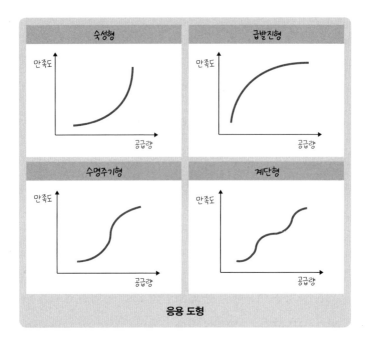

응용 도형

올라가지 않는다. S커브 형태다.

- 계단형: 만족도는 상승과 유지를 반복한다.

응용 도형에서 시작해서 새로운 응용 도형을 그릴 수 있다. 생각에 생각이 꼬리를 물고 확장되듯이 그림에 그림이 꼬리를 물고 확장된다. 그림에 어떤 의미가 있는지는 생각하지 않고 그림에만 집중한다. 111쪽의 그림은 응용 도형 중 숙성형을 이용해서 다시 확장하여 그린 응용 도형이다.

그림을 보면서 이에 어울리는 가설을 세운다. 기본 도형은 공급량이 많아 지면 만족도가 증가하다가 변곡점을 지나면서 만족도가 급속히 올라가는 모습을 보여준다. 응용 도형은 공급량이 많아지면 만족도가 증가하다가 변곡점을 지나면 급속히 떨어진다. 그림에는 무엇이나 과하면 탈이 난다는 의미가 있다. 적당하게 공급하면 만족도가 증가하지만 너무 많으면 만족도는 오히려 떨어진다. 처음에는 음식을 맛있게 먹지만 배가 부르면 음식을 쳐다보기도 싫은 현상과 같다. 그림을 그린 후에 가설에 어울리는 사례를 찾는다.

기본 도형을 이리저리 바꾸면서 응용 도형을 만들다 보면 새로운 발견을 할 수 있다. 수요와 공급도 마찬가지다. 112쪽

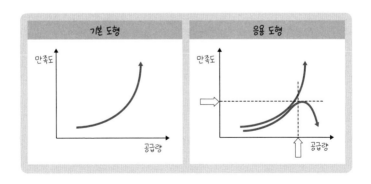

의 그림을 보면 기본 도형은 전형적인 수요와 공급을 나타낸다. 응용 도형을 보면 공급곡선은 그대로인데 수요곡선은 크게 휜 상태다. 이런 도형으로 설명할 수 있는 사례가 있을까? 있다. 만약 당신이 별 생각없이 이런 응용 도형을 만들었는데, 실제로 이런 이론이 있다는 사실을 나중에 알게 되면 많이 놀랄 수 있다. 굉장히 유명한 '레몬시장 이론'이기 때문이다.

당신도 이미 경험한 적이 있을지 모른다. 물난리가 일어난 해에는 중고차 시장에 짐수차가 쏟아져 들어온다. 양심 없는 판매자는 침수차를 깨끗하게 닦은 후에 시치미를 떼고 판매한다. 구매자는 전시된 차가 침수차인지 구분하기 어렵다. 물난리가 나고 몇 개월이 지나서 당신이 중고차를 구매하러 시장에 갔다고 하자. 전시차를 보아도 주행 거리와 외형 정도만 알

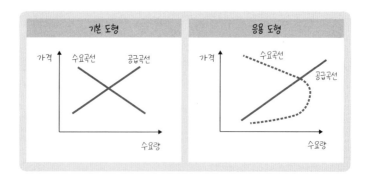

수 있다. 침수차인지 혹은 사고차인지를 알려주는 중요한 정보는 판매자만 알고 있다. 이런 상황이라면 가격이 비싼 중고차를 선뜻 구매하기 어렵다. 리스크를 회피하기 위해 가격이 낮은 중고차에 관심이 더 간다. 가격이 높은 차나 낮은 차나 어차피 정보를 모르기 때문이다. 결과적으로 중고차 시장에는 품질이 좋고 가격이 비싼 중고차보다 품질이 나쁘고 가격이 저렴한 자동차만 남게 된다. 정보의 비대칭으로 인해 역선택 현상이 발생하기 때문이다. 판매자가 구매자보다 많은 정보를 가진 시장에서 구매자는 품질이 좋은 상품보다 역으로 품질이 낮은 상품을 선택할 가능성이 높다고 보는 이론을 역선택 이론이라고 한다.

UC버클리대학교 교수인 조지 애커로프는 1970년에 역선택 이론을 주장하면서 '레몬시장'이라는 이름을 붙였다.[3] 중고차는 겉모습만 봐서는 결함이 있는지 여부를 알 수 없다. 결함이 있는 중고차를 레몬이라 한다. 좋은 차는 복숭아다. 레몬과 복숭아가 섞여 있으면 매수자는 높은 금액으로 결함차를 살까 두려워한다. 구매자는 결함차에 상당하는 금액 밖에 지불하지 않기 때문에, 책정된 시장 가격이 불만족스러운 판매자는 우량차를 내놓지 않는다. 결과적으로 시장에는 결함차가 상대적으로 더 많아지므로 구매자는 우량차보다 결함차를 선택할 가능성이 높아진다. 시장에 레몬만 남기지 않으려면 정보의 비대칭성을 해소할 수 있어야 한다. 레몬시장 이론으로 애커로프는 2001년 노벨 경제학상을 수상했다. 그림을 먼저 그리고 이에 어울리는 사례를 찾는다면 당신도 노벨상에 도전할 수 있다.

직설과 은유를 활용해서 그려라

그림을 그릴 때 데이터가 크면 그림을 크게 그리고 데이터가 작으면 그림을 작게 그린다. 이런 그림은 직설적이다. 생각을 그림으로 그리려면 은유적인 표현도 필요하다.

혁신가와 추격자가 혼재한 시장이 있다면 어떻게 표현하면 좋을까? 막대그래프로 그리면 매출은 비교할 수 있지만 혁신가와 추격자의 특징은 비교할 수 없다. 혁신가에게 필요한 능력은 미래에 대한 선견지명과 상상력이다. 추격자에게 필요한 능력은 조직을 이끌어가는 강한 추진력과 첨단제품을 빠르게 모방하고 추격하는 흡수력이다. 이런 내용을 문장으로 다 적으려면 시간이 많이 필요하다. 적다 보면 단어를 틀리게 적거나 일부 내용을 빼먹기도 한다. 이때 그림을 그리면 쉽게 표현할 수 있다. 혁신가와 추격자의 특징을 자전거에 은유해서 그려보자.

자전거 앞바퀴는 혁신가를 나타낸다. 앞바퀴는 창조다. 창조에는 방향이 필요하며 방향을 정확하게 찾아가기 위해서는 핸들을 조종하는 리더십이 필요하다. 자전거가 나아갈 수 있는 방향은 무한대다. 방향을 선택하려면 용기와 결단이 필요하다. 행운도 필요하며 선견지명도 필요하다. 이런 이유로 자전거 앞바퀴는 혁신가를 은유하기에 적절하다. 혁신가에게는 방향 감각이 중요하다. 미래에 대한 불안감이 크기 때문에 경영자로서는 상상력이 풍부한 독재자의 이미지가 있다. 스티브 잡스의 이미지와 어울린다.

자전거 뒷바퀴는 추격자를 나타낸다. 뒷바퀴는 모방을 나타낸다. 뒷바퀴에는 강력한 추진력을 발휘하는 리더십이 필요하다. 비탈길이나 울퉁불퉁한 길이라도 앞으로 나아갈 수 있는 힘이 필요하다. 어느 방향으로 가야 하는지는 생각할 필요가 없다. 앞바퀴가 선택한 방향으로 따라갈 뿐이다. 이런 이유로 자전거 뒷바퀴는 추격자를 은유하기에 적절하다. 추격자는 빠르게 추격해야 하기 때문에 경영자로서는 추진력 있고 조직을 중시하는 이미지가 있다.

바퀴 크기는 매출액을 나타낸다. 앞바퀴와 뒷바퀴의 크기는 매출액을 나타낸다. 혁신가가 시장을 독식하고 압도적으로 많은 매출을 일으킨다면 앞바퀴가 뒷바퀴보다 크다. 빠르게 추격하는 기업이 시장에서 더 큰 매출을 올린다면 뒷바퀴가 더 크다. 타이어 크기가 영업 이익률을 나타내는 경우도 비슷하다. 혁신가가 새로운 시장을 창조하고 그 시장에서 빠른 추격자보다 더 큰 영업이익률을 기록한다면 앞바퀴의 타이어가 더 크다.

그림을 그리고 시간이 지난 후에 다시 이 그림을 보면 새로운 생각이 난다. 혁신가는 하나인데 추격자는 둘이라면 어떻게 그릴까? 혁신가는 있지만 추격자가 아무도 없다면 어떻게 그릴까? 처음에는 생각하지 못했던 부분이다. 처음에 문장으로 적었다면 새로운 생각이 들기도 어려울 뿐더러 새로운 의문이 생겼다고 하더라도 처음부터 다시 문장을 만들어야 한다. 그림을 보면 새로운 의문이나 힌트를 쉽게 추가할 수 있다. 추격자가 둘이라면 뒷바퀴를 두 개 그리면 된다. 한 추격자는 규모가 크고 또 다른 추격자는 규모가 작다면 큰 뒷바퀴 하나에 조그마한 보조 바퀴가 하나 붙어있는 형상으로 그리면 된

혁신가와 추격자가 있는 시장	혁신가를 두 추격자가 따라오는 시장	혁신가를 빠른 추격자와 늦은 추격자가 따라오는 시장	혁신가만 있는 시장

다. 추격자가 아직 없다면 바퀴가 하나 있는 자전거다. 앞바퀴에 어울리는 경영자가 뒷바퀴 경영을 하면 굴러가지 않는 경우도 있다. 뒷바퀴에 어울리는 경영자가 앞바퀴 경영을 해도 문제다.

은유적인 그림은 자전거와 같은 인공물만이 아니라 꽃과 같은 자연물을 이용할 수도 있다. 118쪽의 꽃 모델은 특허 건수가 증가하는 경향을 꽃의 성장에 비유해서 그린 그림이다. 데이터가 증가하는 과정을 꽃이 피는 형상에 은유한다. 꽃은 위를 향해 성장하므로 땅에서 가까울수록 과거를 나타낸다. 꽃이 조화롭게 성장한다면 모든 분야에서 데이터가 고르게 증가한다는 의미다. 꽃이 성장하는 모양이 조화롭지 않다면 데이터는 특정 분야에 집중해서 증가한다는 의미다. 특허 건수가

증가하는 특징을 꽃이 피는 형상으로 그리면 특허를 모르는
사람도 이해할 수 있다. 이해하기 어렵거나 설명하기 복잡한
개념일수록 은유해서 그리면 좋다. 꽃 외에도 복숭아나 달처
럼 자연에서 흔히 볼 수 있는 사물에 비유해서 그릴 수 있다.

누구나 해석할 수 있도록 단순하고 쉽게

직설적이건 은유적이건 생각을 그림으로 그릴 때는 2차원으
로 그린다. 3차원은 추천하지 않는다. 3차원으로 그리더라도

이를 표현하는 종이나 모니터는 2차원이기 때문에 그림을 보면서 핵심을 알기 어렵다. 그림은 누가 언제 보더라도 똑같이 해석할 수 있어야 한다. 아무 설명이 없어도 그림만 보면 의미를 알 수 있으면 가장 좋다. 아무리 설명해도 그림의 의미를 해석하지 못한다면 실패다. 그림에 색깔을 넣으면 더 많은 정보를 나타낼 수 있지만 색깔 사용은 주의해야 한다. 흑백 인쇄를 하면 어떤 색인지 구분하기 어렵기 때문이다. 색깔 대신 문양을 넣어도 좋다.

생각을 그림으로 그리려면 여러 개의 2차원으로 분해해서 다양하게 그리는 게 좋다. 체중, 나이, 신장으로 구성된 3차원 그래프라면 신장과 나이, 체중과 신장, 체중과 나이로 구분해

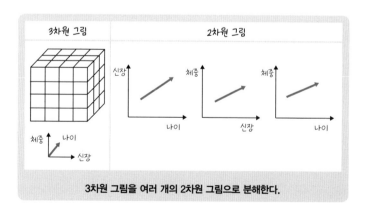

3차원 그림을 여러 개의 2차원 그림으로 분해한다.

서 2차원 그래프를 그리는 식이다. 이렇게 그리면 누구나 똑같이 재현해서 그릴 수 있다.

가장 많이 사용하는 도형은 원형, 삼각형, 사각형이다. 원형은 단순하며 부드러운 분위기를 만든다. 회전이나 주기를 느낀다. 원의 중심에 키워드를 넣으면 정리된 느낌을 준다. 삼각형은 방향에 따라서 안정하거나 불안정하다. 삼각형의 방향을 의도적으로 바꾸거나 불안정하게 위치하면 주목을 끌 수 있다. 삼각형은 날카로운 느낌을 준다. 사각형은 안정감을 준다. 도형을 합치거나 나누어서 새로운 도형을 만들 수도 있지만 너무 복잡하면 좋지 않다.

그림에 의미를 부여할 수 있다. 동사는 사각형으로 그리고 명사는 원형으로 그리는 식이다. "나는 여행 간다"라는 문장을 그림으로 그린다면 "나"는 원형이고 "여행 간다"는 사각형으로 그릴 수 있다. 원형과 사각형을 선으로 이은 다음에 "1년에 2회"라고 관계를 적는다. 관계만 나타내므로 선은 방향이 없는 실선으로 표현한다.

그림은 사람의 시선이 자연스럽게 움직일 수 있도록 배치한다. 시선이 위에서 아래를 향하거나 왼쪽에서 오른쪽을 향하도록 배치한다. 순조로운 흐름은 시계 방향으로 돌아가도록

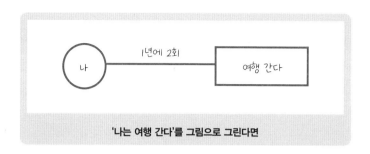

'나는 여행 간다'를 그림으로 그린다면

배치하고 문제가 있는 흐름은 시계 반대 방향으로 돌아가도록 배치한다.

그림에 사용하는 실선은 종류와 형태에 따라 효과가 다르다. 가는 선은 섬세함을 나타내고 굵은 선은 강함을 나타낸다. 직선은 강직함을 나타낸다. 곡선은 유연하고 우아함을 나타낸다. 지그재그는 불안감을 나타낸다. 손으로 그리면 친근감이 있다. 경사는 상승이나 하강을 나타낸다. 화살표는 방향, 회전, 이동, 시간, 흐름, 변화, 분기, 집약을 나타난다. 부드러운 분위기에서는 원호나 곡선을 사용한 화살표가 좋다. 화살표의 크기, 선의 종류, 색깔 등으로 의미를 구분한다.

미라클 씽킹 습관

06

생각을 이미지로 표현하면
핵심이 보인다

생각이 복잡할수록 그림으로 그리면
생각의 핵심을 알기 쉽다.
그림을 그리고 변형하면 이에 맞추어 생각이 바뀌고
새로운 생각이 탄생한다.

07 연상,
생각과 생각을 잇는다

어떤 상품을 생각하면 가장 먼저 생각나는 브랜드가 있다. 콜라라면 코카콜라다. 1892년에 발매된 코카콜라는 지금까지 최고 상품이다. 병의 디자인이나 상품 종류는 바뀌어도 콜라라면 가장 먼저 생각난다. 스마트폰이라면 삼성전자의 갤럭시와 애플의 아이폰이 떠오른다. 검색은 구글이나 네이버가 생각난다. 카페라면 스타벅스가 가장 강력하다. 스타벅스라는 브랜드가 카페 시장을 대변한다. 이처럼 소비자는 브랜드를 연상한다. 브랜드 연상은 네트워크 구조로 나타낼 수 있다. 스타벅스라면 음료수, 디저트, 서비스 등을 구성하는 요소들이 네트워크로 구성되어 서로 관련을 가진다.

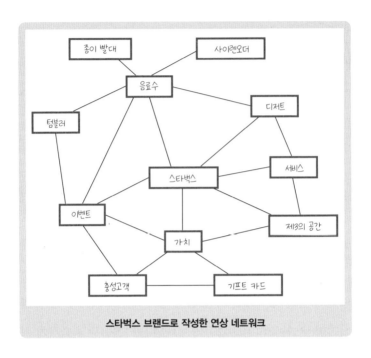

스타벅스 브랜드로 작성한 연상 네트워크

가장 먼저 연상한 브랜드라고 해서 그 기업이 반드시 시장에서 매출 1위를 한다는 의미는 아니다. 연상하는 내용은 대부분 좋은 이미지이지만 오너의 갑질처럼 나쁜 이미지도 있다. 내가 어떤 브랜드를 연상하면 이 브랜드는 적어도 나에게는 지명도가 높다. 브랜드 연상이 강할수록 그 브랜드를 선택할 가능성이 크다. 내가 직접 구입해서 사용했거나 체험하지 않아도 브랜드 연상이 가능하다. 소문을 들었거나 광고를 보고 연상하는 경우도 많다. 브랜드는 소비자의 마음속에 존재하는 이미지다. 강하게 연상하는 브랜드에는 소비자가 강한 감정을 느낀다.

세븐일레븐은 이름만 들어도 오전 7시부터 오후 11시까지 영업하는 편의점이라고 생각한다. 브랜드 연상에는 상품 이름이 중요하니 타사의 상품 이름을 모방하는 경우가 많다. 비아그라는 화이자제약이 개발한 발기부전 치료제다. 비아그라 특허가 만료되면서 한국 제약회사들은 비아그라와 비슷한 브랜드를 만들었다. 대웅제약의 누리그라, CJ제일제당의 헤라그라, 비씨월드제약의 스그라가 있다. 발기부전을 치료하면 발기 왕성이 된다. 그래서 브랜드는 남자의 왕성한 힘이라는 이미지를 강조한다. 동아제약의 자이데나, 종근당의 야일라, 동광제약의 자하자는 모두 성기나 섹스를 연상하게 만든다.

다트머스대학교에서 브랜드를 연구하는 케빈 켈러 교수는 브랜드 연상의 요인으로 차별점과 유사점에 주목한다.[1] 차별 연상은 그 브랜드만의 특징이다. 차별점을 연상할수록 소비자를 독점할 가능성이 크다. 충성 고객이 생긴다. 소비자가 그 브랜드를 구입하지 않고는 배길 수 없을 정도로 다른 브랜드와 차별화된다. 유사점 연상은 대부분 브랜드에 공통으로 나타나는 특징이다. 상품이 반드시 가져야 할 특징이다. 다른 브랜드와 유사한 브랜드라면 소비자는 어떤 브랜드에도 비슷한 정도의 관심이 있다. 여러 브랜드가 소비자를 공유한다.

연상은 심리학에서도 중요한 주제다. 스위스의 의학자인 카를 융은 유럽 최고 수준인 취리히 부르크횔츨리 정신병원에서 근무했다. 융은 많은 환자를 대하면서 강박관념과 환각에 관심을 가졌다. 이런 증상이 왜 일어나는지 원인을 찾기 위해서 언어 연상 실험을 고안했다. 사람은 어떤 단어를 보면 무엇인가 연상한다. 금방 연상하는 경우도 있고 조금 시간이 걸리는 경우도 있다. 연상하면 즐거운 기분이 되는 경우도 있고 불쾌한 기분이 되는 경우도 있다.

언어 연상 실험자는 피실험자에게 '하늘'이라는 단어를 불러준다. 그러면 피실험자는 '구름'이라는 단어를 연상한다. 실험자는 이어서 '노래'라는 단어를 불러준다. 하늘과 노래처럼 서로 관계가 없어 보이는 단어를 계속 불러주면 피실험자는 자신이 연상한 단어를 계속 답한다. 이 과정에서 피실험자가 특정 단어에 바로 답하지 않고 말하기를 주저한다면 이 지점에 마음의 저항이 있다고 본다. 어떤 단어를 연상했는데 이 단어에는 기억하기 싫거나 나쁜 기억이 있다면 입 밖으로 꺼내서 말하고 싶지 않다. 말을 주저하거나 말을 제대로 못하거나 같은 말을 반복하게 된다. 이런 증상을 융은 콤플렉스 때문이라고 진단하면서 연상을 하며 마음속의 콤플렉스를 자극했기 때문이라고 설명했다. 융이 말하는 콤플렉스는 강한 감정이 실린 복잡한 마음이다. 어떤 단어를 들으면 기분이 좋고 어떤 단어를 들으면 마음이 조급해진다. 단어를 연상하면서 마음속에 복잡한 반응이 나타난다. 이런 마음을 다른 사람이 지적하면 기분이 나쁘기 때문에 콤플렉스라고 했다.

연상 훈련의 순서

아수라장이라는 단어를 보면 복잡하고 어지럽고 혼란스러운 상황이 떠오른다. 백신이라는 단어를 보면 비대면 모임이나 마스크가 생각난다. 어떤 단어를 보는가에 따라 낙관적이 되거나 비관적이 된다. 아무런 자극이 없으면 아무런 생각이 나지 않는다. 우연히 어떤 단어를 보면 계속 다른 단어가 떠오른다. 이런 현상을 거꾸로 이용할 수 있을 듯하다. 의도적으로 특정 단어를 계속 보여주면 그 사람이 생각하는 내용을 일정한

2장. 생각의 틀을 깨고 균형을 맞춰라

방향으로 유도할 수 있지 않을까? 이런 이유로 연상 훈련을 한다. 연상 훈련은 다음 순서를 따른다.

- **1단계: 출발 단어를 제시한다.**

  연상의 출발점이 되는 단어는 누구나 알고 있는 단어가 좋다. 전문용어로 업계에서만 사용하는 단어라면 연상의 깊이가 얕고 범위가 좁아진다. 일반적으로 많이 사용하는 단어가 좋다. 예를 들어, '혁신'을 출발 단어로 한다.

- **2단계: 연상한 단어를 적는다.**

  출발 단어에서 연상한 단어를 적는다. 문장으로 적어도 좋으나 문장은 단문이어야 한다. 혁신이라는 단어에서 연상을 시작했다면 '혁신과 파괴'라는 식으로 연상한다. 종이에는 파괴라고 적는다. 이어서 '혁신과 발전'을 연상하고 종이에는 발전을 적는다. 계속해서 '혁신과 창업'을 연상하고 종이에는 창업이라고 적는다.

- **3단계: 왜 이 단어를 연상했는지 이유를 적는다.**

  단어를 연상한 과학기술이나 경제적인 이유를 밝힌다. 연상한 이유를 명확하게 설명할 수 있는 단어와 설명할 수 없는 단어로 구분한다. 혁신이라는 단어를 보고 파괴라는 단어를 연상했다면 오스트리아 경제학자인 조지프 슘페터가 주장한 파괴적 혁신을 떠올렸기 때문이다. 종이에는 '슘페터의 파괴적 혁신'이라고 쓴다. 혁신은 기존의 기술과 상식을 파괴하는데 이를 파괴적 혁신이라고 한다. 파괴적 혁신을 제대로 설명할 수 있다면 이유는 간단하게 적어도 된다. 이유를 설명할 수 있는지 여부는 본인 스스로 알기 때문이다.

왜 이 단어를 연상했는지 과학기술이나 경제적인 이유를 설명할 수 있으면 내가 알고 있는 단어다. 단어를 연상하는 작업은 어렵지 않지만 지식이 없으면 왜 이 단어를 연상했는지 이유를 설명하기 어렵다. 과학기술이나 경제적인 근거가 있어야 하기 때문이다.

내가 알고 있다고 생각하지만 실제로는 이유를 모르는 경우가 많다. 연상을 하고 이유를 적으면 내가 무엇을 모르는지 명확하게 드러난다. 단어는 떠올랐지만 어떤 관계가 있는지 이유를 설명할 수 없다면 사실은 내가 모르는 내용이다. 연상한 이유를 보면 내가 무엇을 얼마나 알고 있는지 판

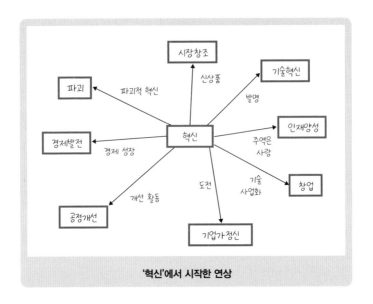

'혁신'에서 시작한 연상

정할 수 있다.

- **4단계: 출발 단어에서 시작해서 적어도 스무 개 이상 연상한다.**

  연상은 마치 불꽃같은 이미지라서 '불꽃 연상'이라고 한다. 주어진 단어를 보고 연상하는 모든 단어와 이유를 적는다. 적어도 스무 개 이상의 단어를 연상한다. 연상한 단어가 몇 개 없거나 이유가 공란이면 지식이 없다고 판단한다. 연상한 단어가 스무 개 이상이며 연상한 이유가 명확하게 표현되어 있다면 지식이 있다고 판단한다.

연상에는 방향이 있다. A라는 단어에서 B 단어를 연상하고 거꾸로 B 단어에서는 A 단어를 연상하는 경우도 있다. A 단어에서 B 단어는 연상하지만 B 단어에서 A 단어는 연상하지 않는 경우도 있다. 130쪽 그림에서 화살표를 넣은 이유는 연상의 방향을 나타내기 위해서다. 혁신이라는 단어를 보고 파괴라는 단어를 연상했다는 의미다. 파괴라는 단어를 보면 혁신이라는 단어가 연상될 수도 있고 않을 수도 있다.

연상 훈련할 때 주의해야 할 점

연상 훈련에는 주의할 사항이 있다. **첫째, 연상하는 시간은 20분 이내다.** 알고 있는 내용은 금방 연상할 수 있다. 모르는 내용은 시간을 오래 들여도 연상하지 못한다. 스무 개 연상하는 시간이 20분이면 한 개 연상하는데 1분이다. 이미 내 머릿속에 들어있는 내용을 끄집어내는 시간으로는 충분하다.

둘째, 나 혼자 보는 건지 공개하는 건지 미리 밝힌다. 남에게 보여준다면 가능한 고급 단어나 전문용어를 사용하고 싶다. 남에게 보여주지 않는다면 표현을 생략하거나 줄일 수 있다. 연상은 내 이름을 밝히고 할 때와 숨기고 할 때 차이가 있다. 연상을 한 후에 이름을 공개하고 다른 사람들에게 보여준다면 연상을 하면서도 생각을 밝히지 않을 수 있다.

셋째, 기차 방식으로도 연상한다. 기차 방식은 연상하는 단어가 마치 기차와 같기 때문에 붙인 이름이다. 기차 방식 연상은 끝말잇기와 비슷하지만 차이점이 있다. 끝말잇기는 발음으로 연결되지만 기차 방식 연상은 논리적으로 연결되어야 한다. 주어진 단어에서 어떤 단어를 연상한 후에는 새로운 단어에서 연상되는 단어를 적는다. 혁신이라는 단어를 보고 파괴를 연상했다면 다음에는 파괴라는 단어에서 창조를 연상한다. 이어서 창조라는 단어에서 역사라는 단어를 연상한다. 종이에는 파괴, 창조, 역사를 순서대로 적고 각 단어를 연상한 이유를 적는다.

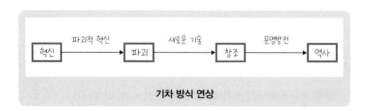

기차 방식 연상

넷째, 연상은 지능과는 상관없다. 영국의 인류학자인 프랜시스 골턴은 지능을 평가하기 위해서 단어 연상을 사용했다.[2] 실험자가 단어를 읽으면 피실험자는 가장 먼저 떠오른 단어를 말하는 실험이다. 골턴은 연상한 결과를 보면 그 사람의 지능을 알 수 있다고 주장했지만 연상과 지능의 상관관계는 명확하지 않다.

연상은 그룹으로 할 수 있다

1990년대 들어 인터넷이 보급되면서 사회가 돌아가는 방식이 크게 변했다. 컴퓨터는 생활에 필요한 도구이지만 생활에 너무 밀착하다 보니 사람의 생각까지 지배한다. 태어날 때부터 컴퓨터와 함께 살아온 디지털 네이티브 세대는 컴퓨터를 대하는 방식이 기성세대와는 완전히 다르다. 기술을 대하는 사상과 철학이 다르다. 사회가 돌아가는 방식은 양자 컴퓨터로 인해 2030년대에 크게 변할 전망이다. 양자 컴퓨터의 가장 큰 문제는 인재 확보다. 첨단기술일수록 인재 부족이 심각하다. 첨단기술을 개발하려면 그룹 연상이 필요하다

양자 컴퓨터 인재에게는 굉장히 많은 지식이 필요하다. 수학, 물리학, 공학, 알고리즘을 깊은 수준에서 알아야 한다. 양자 컴퓨터용 하드웨어나 소프트웨어를 개발하려면 시장도 알아야 한다. 이런 지식을 모두 다 가진 사람이 얼마나 있을까? 컴퓨터 기술자는 물리를 모른다. 물리를 알면 컴퓨터 설계를 모른다. 기술을 아는 사람은 시장을 모르고 시장을 아는 사람은 기술을 모른다. 양자 컴퓨터 개발자도 구체적인 용도를 모른다. 최적화 문제를 해결하면 매출 증가로 이어진다는 사실을 알더라도 문제를 해결하기 위해 양자 컴퓨터의 어떤 기술을 어떻게 사용해야 하는지 모른다. 세계적으로 양자 컴퓨터 분야의 인재는 매우 적다. 글로벌 대기업조차 연구를 주도할 만한 전문가를 영입하려면 애를 먹는다. 기술도 알고 시장도 아는 양자 컴퓨터 인재를 찾으려면 전 세계에 몇 명 없는 사람 중에서 찾아야 한다. 양자 컴퓨터는 채용할 수 있는 인재가 매우 한정되어 있다. 때문에 첨단 기술을 개발하는 기업은 다양한 구성원을 모아 팀을 만들어야 한다. 이들은 서로 상대방의 생각을 보고 배운다. 상당한 수준의 지식이 있고 현재의 업무에 정통하며 스스로 공부할 수 있는 사람이라면 팀원으로 가장 이상적인 후보다.

그룹으로 연상하려면 다양한 분야에서 참석자를 모아야 한다. 아무리 전문가라도 같은 영역에만 너무 오래 머물러 있으면 생산성이 떨어진다. 돌연변이와 같은 창조적인 성과를 만들기 어렵다. 첨단기술은 대개 다양한 분야가 융합한 기술이다. 한 가지 분야에만 몰두하면 이 범위만 생각하기 쉽다. 넓고 깊게 연상하려면 경계를 초월해서 참석자를 모아야 한다. 이질적인 배경을 가진 사람들을 섞는다. 경험이 많은 사람과 적은 사람을 섞으면 인재 육성의 효과가 있다. 경험과 지식에 기반한 능력은 오랫동안 유지되므로 전문가일수록 많은 내용을 연상할 수 있다. 전문가의 연상은 그 자체로 노하우다. 인턴은 프로젝트에 참가해서 전문가의 생각을 모방하면서 지식을 얻는다. 연구팀의 구성원을 다양하게 섞을수록 많은 성과를 낼 수 있다.

그룹 연상에서 많은 사람이 연상한 단어를 찾는다. 같은 단어인데 참가자들이 이유를 다르게 설명한 단어도 있고, 다른 단어인데 참가자들이 비슷한 이유를 제시한 단어도 있다. 참석자들이 똑같은 단어를 연상한다면 가히 상식이라 부를만하다. 이런 단어는 대개 교과서에 있거나 자료에 많이 나오는 단어다. 연상한 이유도 비슷하다. 연상한 이유를 보면 그 사람의 지식 수준을 알 수 있다. 어떤 단어는 한 사람만 연상하기도

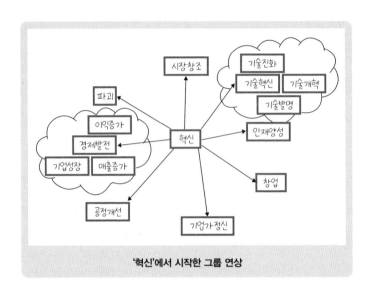

'혁신'에서 시작한 그룹 연상

한다. 이유도 명확하지 않다. 엉뚱한 생각일 수도 있고 신선한 생각일 수도 있다. 연상한 단어를 과학기술이나 경제적인 관점에서 구분한다. 많이 연상한 단어일수록 출발 단어와 깊은 관계를 가지고 있다.

전문가의 연상은 그 자체로 지식 상품이 된다

연상하면 과학기술이나 경제적인 이유를 설명해야 한다. 법률 규제와 같은 근거도 필요하다. 이유가 있는데도 불구하고 내가 설명하지 못하면 사실은 내가 모르는 내용이다. 이유가 없으면 단순한 상상에 불과하다. 상상에도 한계가 있다. 색다른 경험을 했거나 특별한 환경에 있어야 상상의 폭이 넓다. 처음에는 상상에 불과하지만 지식이 생기면 이유를 설명할 수 있다. 지식으로 인해 상상은 현실이 된다. 공상과학 소설가인 아서 클라크는 1940년대에 우주 엘리베이터를 상상했지만, 당시 이를 실현할 지식이 없었기 때문에 상상에 머물러 있었다. 그러나 2020년대에 들어 건설회사 오바야시구미는 상공 9만 6,000킬로미터까지 우주 엘리베이터를 건설할 기술이 있다고 주장했다.[3]

전문가의 연상은 이유가 명확하며, 그 자체가 지식 상품이다. 어느 날 공장에서 중요한 기계가 갑자기 멈춰 섰다. 급히 전문가를 불렀는데 이 사람은 망치 하나만 가지고 왔다. 그는 멈춰 선 기계를 여기저기 살펴보고 깊이 생각했다. 그가 망치로 기계의 한 곳을 두드리자 기계는 아무 일도 없었다는 듯이 잘 돌아갔다. 전문가는 비용을 청구했는데 내역은 다음과 같다. 망치로 두드린 비용 5천 원, 두드릴 장소를 찾는 비용 5백만 원. 기계가 왜 멈추었는지 이유를 설명하려면 상당한 수준의 경험과 지식이 필요하다. 가격이 비싼 게 당연하다.

외국 TV에서 이런 방송을 본 적이 있다. 리포터가 어느 평범한 가정을 방문한다. 가족에게 현금 천만 원을 지폐로 주면서 집 안에 숨기라고 한다. 주어진 시간은 한 시간. 그 후에 출연자들이 이 집을 방문해서 지폐를 찾는다. 만약 30분 이내로 지폐를 찾지 못하면 이 돈은 가족들이 가질 수 있다. 가족은 다같이 지폐를 숨길 장소를 의논한다. 냉장고 아래에 숨겨야 한다거나 옷 주머니에 숨겨야 한다고 주장한다. 화분 속에 숨기기도 하고 세탁기 속에 숨기기도 한다. 평범한 가족은 자신들의 입장에서 생각하고 가장 찾기 어려운 장소에 지폐를 숨긴다. 어느새 한 시간이 지나고 가족들은 의기양양한 모습으로 출연자들을 맞이한다. 찾을 수 있으면 어디 한번 찾아보라는 표정이다.

지폐를 찾으러 출연한 사람들 중에는 연예인이 많다. 귀중한 물건을 숨긴다는 관점에서 보면 가족과 마찬가지로 평범한 시민들이다. 출연자가 지폐를 찾지 못하는 경우도 많다. 남은 시간이 5분뿐인데 아직도 지폐를 찾지 못했다면 강력한 조력자가 등장한다. 전직 형사나 전직 도둑으로, 숨긴 물건을 찾는 전문가들이다. 이들은 먼저 집안 구조를 살펴본 다음에 지폐가 있을 만한 곳을 예상한다. 남은 시간이 거의 없기 때문에 찾아볼 순서까지도 정해 준다. 놀랍게도 거의 모든 경우에 지폐는 이들이 예상한 장소에 있다. 전문가들은 숨긴 위치를 어떻게 알았을까? 도둑 입장에서 생각하고 연상하면 간단하다.

가장 수준이 낮은 도둑은 자신이 훔친 물건을 그대로 판다. 당연히 위험이 크고 돈도 많이 받지 못한다. 이보다 조금 수준이 높은 도둑은 다른 도둑에게 훔치는 방법을 가르쳐 주고 돈을 번다. 위험이 줄어들면서 수입은 오히려 늘어난다.

가장 수준이 높은 도둑은 경비회사에 도둑이 생각하는 방식을 가르쳐주고 돈을 번다. 위험은 전혀 없으면서 수입은 가장 많다. TV 방송에 출연해서 지폐를 찾아내는 전직 도둑은 도둑이 생각하는 방식을 판다. 도둑의 입장에서 보면 상식이지만 평범한 시민의 입장에서 보면 전문지식이다. 전문가의 생각을 명확하게 표현할 수만 있다면 그 자체로 지식 상품이 된다.

미라클 씽킹 습관

07

생각과 생각을 이을 때
새로운 생각이 탄생한다

생각이 많은 사람은 끝없이 연상하기 때문이다.
서로 상관이 없어 보이는 두 개의 상황을 이어주고 이유를 밝힌다.
연상을 하다 보면 나도 모르게 기발한 생각이 난다.

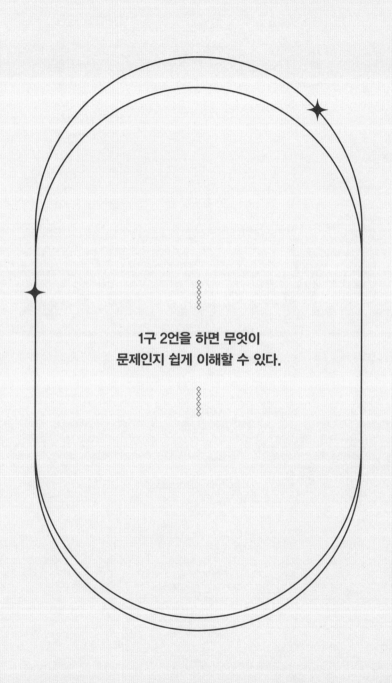

1구 2언을 하면 무엇이
문제인지 쉽게 이해할 수 있다.

Miracle
Thinking

3장

미라클 씽킹,
창조적 생각의 조화를 만든다

08 질문법, 질문이 생각을 키운다

우주중성미자 검출에 관한 공로로 2002년 노벨 물리학상을 수상한 고시바 마사토시는 강연을 마치고 청중의 질문을 받았다. 질문을 받고 한참 생각하던 고시바는 이렇게 대답했다.

"사실은 저도 잘 모릅니다."

노벨상 수상자가 대답하지 못한 질문은 과연 무엇일까?

"당신의 연구 성과는 어디에 쓰입니까?"

당신이 노벨 물리학상 수상자의 강연을 들으러 갔다면 어떤 질문을 할까? 청중은 겁을 먹고 아무도 질문하지 않는다. 물리학자는 나보다 물리 지식이 수천 배 더 많다. 노벨상 수상자에게 노벨상 수준의 질문을 해야 한다면 아무런 질문도 하기 어렵다.

세상에는 답하기 어려운 빅퀘스천이 많다.[1] 그중에는 "만물 이론이 가능할까?"라는 질문도 있다. 모든 상황에 적용할 수 있는 만물 이론이 있으면 세상은 이론 하나로 이해할 수 있다. 과연 인류는 만물 이론을 만들 수 있을까? 쉽게 대답하기 어려운 질문이다. 이외에도 대표적인 빅퀘스천에는 다음과 같은 질문이 있다.

"현실은 무엇인가?", "생명이란 무엇인가?", "우리에게 자유의지가 있나?", "우주는 결정적인가?", "당신이 죽은 후에는 어떻게 될까?", "호모 사피엔스 다음에는 무엇이 올까?"

이런 질문에 쉽게 답할 수 있는 사람은 없다. 빅퀘스천은 범위가 다양하다.[2] 우주는 무엇으로 이루어져 있을까? 생명은 어떻게 시작되었을까? 우주에는 우리뿐일까? 무엇이 우리를 인간으로 만들었나? 의식이란 무엇인가? 우리는 왜 꿈을 꾸는가? 왜 물질이 있을까? 다른 우주가 있을까? 지구의 모든 탄소를 어디에 둘까? 어떻게 하면 태양에서 더 많은 에너지를 얻을 수 있을까? 소수는 왜 이상한가? 박테리아를 어떻게 물리칠까? 컴퓨터는 계속 빨라질 수 있을까? 암을 치료할 수 있을까? 언제 로봇 집사를 가질 수 있을까? 바다 밑에는 무엇이 있을까? 블

랙홀의 바닥에는 무엇이 있을까? 우리는 영원히 살 수 있을까? 인구 문제를 어떻게 해결할까? 시간 여행이 가능할까?

조직의 집단지성으로 질문하고 답한다

다른 사람들의 생각을 알고 싶을 때가 있다. 문제가 너무 크거나 너무 복잡해서 나 혼자 생각하기 어려울 때다. 집단지성이라는 용어가 있다. 한 사람의 천재보다 대중의 지혜가 더 좋다는 의미다. 집단지성을 활용하려면 먼저 대중의 생각을 수집해야 한다. 하나의 문제를 바라보는 대중의 생각이 모두 같을 리 없다. 어떤 사람은 찬성이고 어떤 사람은 반대다. 어떤 사람은 매우 그렇다고 생각하고 어떤 사람은 전혀 그렇지 않다고 생각한다.

제조업에서 불량품이 발생하거나 건설업에서 사고가 생기면 조직은 문제의 원인을 깊이 연구한다. 불량품이나 사고는 어떤 원인으로 인해 발생한 결과다. 원인을 정확하게 찾지 못하면 똑같은 결과는 반복해서 생긴다. 원인을 찾는 작업은 생각보다 쉽지 않다. 조직에서는 질문과 대답을 반복하면서 원인을 찾는다. 집단지성이나 대중의 지혜를 활용하는 셈이다.

문제가 발생하면 조직 내부에 문제를 공개하고 대답을 구한다. 문제에는 다양한 원인이 예상되므로 모든 사원은 자신의

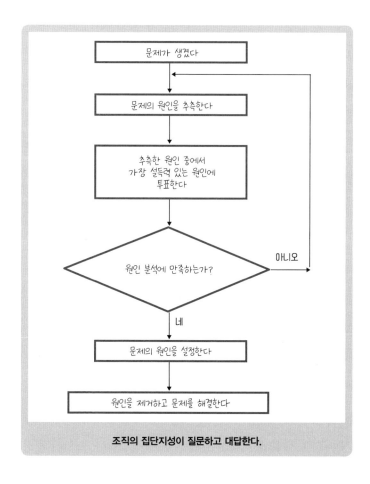

조직의 집단지성이 질문하고 대답한다.

이름을 걸고 문제의 원인을 제시한다. 하나의 문제에 여러 개의 원인이 제시되면 이 중에서 가장 설득력 있는 원인을 선택한다. 선택하는 방법은 투표로 할 수도 있고 전문가 그룹이 선택할 수도 있다. 선택된 원인은 여기서 끝나지 않는다. 이 원인은 왜 생겼는지 그 원인을 다시 깊이 연구한다. 그러면 모든 사원이 원인을 제시하고 그중에서 하나를 선택하는 과정을 반복한다. 발생한 문제의 원인을 찾으면 근본적으로 해결할 수 있다.

이 작업에는 예상되는 단점도 있다. 여러 사원이 제시한 원인을 보면서 가장 설득력 있는 원인에 투표하라고 하지만 사실대로 투표하지 않을 수 있다. 원인을 제시한 사람을 싫어하거나 상급자라면 투표에 영향을 끼칠 수 있다.

답을 알 수 없는 질문을 한다

큰 관점에서 상황을 바라볼 수 있는 능력을 논리력이라고 한다. 논리력을 키우는 훈련 중에 페르미 추정이 있다.[3] 답을 알기 어려운 질문에 대략의 답을 구하는 작업이다. 페르미 추정은 복잡한 문제를 논리적으로 해결하는데 예를 들어 다음과 같은 질문에 대답한다.

"전 세계에 물이 안 나오는 수도꼭지는 몇 개나 있을까?"

"전 세계에 깨진 유리창은 몇 개나 있을까?"

이런 문제는 입사 시험에도 자주 나오지만 정확하게 대답하기는 어렵다. 이미 알고 있는 한정된 지식만으로 얼마나 논리적으로 추론할 수 있는지가 관건이다.

이런 문제가 입사 시험에 나오는 데에는 이유가 있다. 대답을 보려는 게 목적이 아니다. 어차피 대답이 맞았는지 확인하기도 어렵다. 중요한 점은 생각하는 과정이다. 어떤 가설을 세우고 어떻게 근사치를 찾아가는지를 중요하게 여긴다. "우리나라에 떡볶이 가게는 몇 개인가?"라는 질문이 있다고 하자. 이를 계산하기 위해서 인구 당 가게 수를 생각한다거나 면적당 가게 수를 생각할 수도 있다. 앞으로 100년 후에는 이 세상이 어떻게 변해있을지 물어보기도 한다. 미래를 알 수 있는 사람은 아무도 없다. 답을 알 수 없는 질문을 하는 목적은 상대방은 어떻게 생각하는지 그 가설을 듣기 위해서다.

페르미 추정은 구글에서 활발하게 사용했지만 구글에서조차 반드시 찬성 의견만 있지는 않다. 구글 인사 담당 부사장인

라즐로 복은 2013년 인터뷰에서 페르미 추정은 채용에 전혀 도움이 되지 않으며 시간 낭비에 불과하다고 평가했다.[4] 비행기에 골프공은 몇 개나 들어갈지 묻거나 뉴욕 맨해튼에는 주유소가 몇 개 있는지 물어봐도 특별한 방식으로 예측하는 사람도 없다는 이유에서다. 이런 질문은 면접관이 스스로를 똑똑하다고 느낄 뿐이라고 혹평했다. 답을 알 수 없는 질문을 할 필요가 있냐는 회의론이다.

사람과 인공지능이 서로 질문하고 대답하는 검색 시스템

사람이 질문한다고 해서 반드시 사람이 대답하지는 않는다. 인터넷 검색은 사람이 질문하고 인공지능이 대답한다. 인터넷에서 맛집을 검색하면 수만 건 정도는 예사롭게 나온다. 입력하는 단어가 같으면 내가 검색하나 당신이 검색하나 같은 결과가 나온다. 나의 의도와는 상관없다. 나는 검색 결과를 다 볼수 없으니까 몇 건만 살펴본다. 내가 원하는 결과가 아니면 새로운 단어를 입력하고 다시 검색한다. 이런저런 단어로 바꾸어가며 검색을 해도 내가 원하는 결과를 찾지 못한다. 이런 과정을 웹 서핑이라는 낭만적인 이름으로 부르기도 하지만 실제로는 악순환에 빠진 상태다. 입력하는 검색어가 같으면 내가 검색하나 당신이 검색하나 결과는 같다. 생각해보면 이상하지 않나? 나와 당신은 입맛도 다르고 취향도 다른데 인공지능은 왜 같은 대답을 할까?

검색 딜레마를 해결하려면 좋은 방법이 있다. 인공지능이 나의 의도를 이해하면 된다. 의도라는 용어를 사전에서 찾아보면 '어떤 행동을 하려고 마음속에 품은 생각'이라고 나온다. 내가 어떤 행동을 하면 반드시 의도가 있다. 의도를 나 스스로 명확하게 의식할 수도 있지만 의식하지 못할 수도 있다. 그래서 내 마음을 나도 모른다는 말이 나온다. 내가 내 마음도 잘 모르니 다른 사람 마음은 더욱 모른다. 인공지능이 내 의도를 알면 내가 왜 맛집을 검색하는지 이해한다. 내가 어떤 음식을 좋아하는지도 알고 내 주머니 사정도 알고 있다. 오늘 내가 어떤 일정을 보냈는지도 알고 어떤 음식을 먹었는지도 알고 있다. 내가 맛집을 검색하는 의도가 배가 고파서 얼른 먹고 싶은지 혹은 친구를 초대해서 이야기를 나누고 싶은지 알고 있다.

사람과 인공지능이 서로 질문하고 대답하면 검색 시스템

은 다음과 같이 바뀐다. 검색창에 '맛집'이라고 입력한다. 이건 "맛집 아는 곳 있어?"라는 질문이다. 인공지능은 최적의 결과를 대답하기 위해 사람에게 질문한다. "맛집은 왜 찾아?" 사람은 인공지능의 질문에 대답한다. "이번 주말에 친구와 점심 먹으려고." 아직 사람의 의도를 완전히 이해하지 못한 인공지능은 사람에게 질문하고 대답을 구한다. "친구는 몇 명인데?", "모두 다섯 명이야.", "예산은 얼마나 있어?" 인공지능이 사람의 의도를 이해할 때까지 질문과 대답을 주고받는다. 사람이 왜 이런 질문을 하는지 의도를 알게 된 인공지능은 질문에 가장 잘 어울리는 맛집을 찾는다. 인공지능은 사람의 의도에 맞추어 검색 결과를 필터링한다. 필터링한 결과에는 우선순위가 붙는다. 인공지능은 나에게 최적이라고 생각되는 검색 결과를 두 건만 보여준다.

나는 수천만 건의 검색 결과를 알 수 없으니 인공지능이 제시하는 두 건이 최적인지는 모른다. 인공지능이 내 의도를 알고 나는 인공지능을 충분히 신뢰한다면 검색 결과는 두 건으로 충분하다. 나에게 최적인 결과라고 믿는다. 나는 두 곳을 비교해보고 마음에 드는 곳을 정한다. 인공지능은 맛집으로 가는 경로도 찾아주고 식사 후 산책할 만한 곳도 찾아준다. 다른 사람이 "맛집 아는 곳 있어?"라고 질문하면 인공지능은 나에게 대답한 내용과는 다르게 대답한다. 사람마다 의도가 다르므로 각자에게 맞춘다.

인공지능이 질문하고 사람이 대답하거나 반대로 사람이 질문하고 인공지능이 대답하면서 검색을 하면 이 과정을 인공지능이 학습한다. 학습한 결과는 다음번 작업에 반영한다. 이런 과정을 반복하는 모습은 마치 사람과 인공지능이 의논하는 듯이 보인다. 내가 맛집이라는 단어를 검색창에 입력하면 인공지능은 내 일정표를 포함해서 이메일, 문서, 전화 통화 등 모든 데이터를 연결해서 하나로 만든다. 인공지능이 상식을 가질 수 있다면 학습하지 않은 문제가 발생하더라도 사람처럼 상식에 기반해서 추론할 수 있다. 인공지능은 나의 의도를 알고 단 두 곳의 맛집을 추천한다. 그러면서 이유를 설명한다. "오늘은 일을 너무 많이 하고 지쳤으니 매운 음식을 잘하는 식당을 추천합니다." 혹은 "오늘은 데이트 하는 날이니 조용하고 분위기 좋은 식당을 추천합니다."

두 건의 검색 결과 중에서 내가 한 곳을 선택하면 인공지능이 나에게 이유를 묻는다. 나는 "이 집은 실내 분위기가 좋아"라고 답한다. 인공지능은 내가 답한 이유를 다음 검색에 반영한다. 검색 결과 두 곳을 모두 다 싫다고 하면 인공지능은 이유를 물어보고 다시 검색한다. 이런 과정을 되풀이하는 사이에 나는 인공지능과 모든 일을 의논하게 된다. 사람보다 인공지능을 더 신뢰하는 경지에 이른다. 나는 요구하고 인공지능은 생각한다.

신속 테이블 방법으로 사업 기회를 발견한다

현재 상태가 어떻게 변하면 어떤 사업 기회가 생길지 예상할 수 있다. 질문하고 대답하면서 사업 기회를 발견한다. 사업 기회를 신속하게 발견할 수 있다고 해서 이 생각법을 '신속 테이블'이라고 이름 붙였다. 이 방법은 아무 곳에나 적용할 수 있다. 백화점에 쇼핑하러 가서도 할 수 있다. 사업 기회를 발견하는 작업은 현재 상태에서 시작한다. 신속 테이블의 다섯 단계를 순서대로 진행하면서 사업 기회를 발견한다.

1단계: 상황
현재 상태를 질문한다. 특별히 전문지식이 필요한 질문이 아니다. 단순히 실내 온도를 질문해도 좋다. "실내 온도는 몇 도인가?" 이 질문에는 숫자로 답할 수 있다. 온도계를 보고 "21도"라고 대답한다. 실내 온도가 21도라는 사실이 현재 상태다. 질문은 사업 기회를 발견하는 작업의 출발점이다.

2단계: 클레임

현재 상태는 사람마다 평가가 다르다. 실내 온도 21도 역시 '매우 불편함, 불편함, 보통, 좋음, 매우 좋음'이라는 다섯 가지 상태 중의 어딘가에 위치한다. 현재 상태를 평가한 결과는 개인마다 다르지만 누구에게나 할 수 있는 질문이 있다. 현재 상태를 바꿀 수 있는지다. "현재는 매우 좋은 상태인데 이를 매우 불편한 상태로 바꿀 수 있는가?"라고 질문한다. 혹은 "현재는 불편한 상태인데 이를 좋은 상태로 바꿀 수 있는가?"라고 질문할 수도 있다. 상태를 다섯 가지로 구분하기 때문에 현재 상태는 다른 네 가지로 바뀔 수 있다.

3단계: 시나리오

어떻게 하면 상태를 바꿀 수 있는지 질문한다. "불편한 상태를 매우 불편한 상태로 바꿀 수 있는가?"라는 질문에는 "실내 온도를 영하 3도로 바꾼다"라거나 "실내 온도를 영상 32도로 바꾼다" 같은 대답이 나온다. 실제 사업으로 실행할 수 있을지 여부는 따지지 않는다. 생각할 수 있는 모든 시나리오를 대답한다.

4단계: 기회

시나리오를 사업으로 실행할 만한 기회가 있는지 질문한다. "어떤 방법이 가능한가?"라는 질문에 "실내 온도를 영하 3도로 바꾸고 고객에게 점퍼를 대여한다"거나 "실내에 아이스링크를 만든다"는 대답을 한다. 각각의 대답은 모두 사업 기회다. 이때 생각의 양이 중요하다. 아직은 막연하게 생각하는 기회에 불과하므로 100개 이상 생각해야 한다.

5단계: 평가

생각한 사업 기회를 간단하게 평가한다. 평가 항목으로는 장소, 시간, 규모, 반복, 표준이 있다. 장소는 이곳에서나 저곳에서나 가능한가, 시간은 지금이나 미래나 가능한가, 규모란 사업의 규모를 키울 수 있는가, 반복이란 같은 사업을 반복할 수 있는가, 표준이란 업계의 표준이 될 수 있는가에 대한 평가다.

평가를 거쳐 사업 기회를 10개 정도로 줄인 후에 하나씩 세밀하게 평가해서 세 개로 줄인다. 이 중에서 하나를 선정해서 사업계획을 상세하게 준비한다. 손정의는 사업을 하기에 앞서 사업 기회를 100개 나열했다. 소거법으로 하나씩 제거하고 마지막까지 남은 사업 기회가 소프트웨어 도매업이다. 손정의가 창업한 회사 이름이 소프트뱅크인 이유다.

내 사업을 시작하기 위한 질문

문제를 해결하기 위해 반드시 대답해야만 한다면 이는 필수 질문이다. 어떤 문제든 필수 질문과 보조 질문이 있다. 보조 질문은 급하게 대답하지 않아도 좋다. 창업도 그렇다. 스타트업에게 하는 가장 중요한 질문은 두 가지다.[5] 최적의 팀인가? 좋은 기회인가? 하지만 두 개의 질문만으로 내 사업을 준비할 수는 없다. 직장을 다니고 있는 사람이 미래에 창업하려면 창업하기 전에 미리 대답해야 하는 질문이 여럿 있다. '내 사업을 위한 체크리스트[6]'에 나온 질문에 대답하면 얼마나 준비가 되어 있는지 알 수 있다.

- **왜?**

  필수 질문이다. 구체적으로는 다음과 같은 질문에 명확하게 대답해야 한다. "나는 얼마나 내 사업을 하고 싶은가? 가족은 내 사업에 찬성하는가? 내 사업은 세상을 좋게 만드는가? 내 사업의 명분은 무엇인가?"

- **무엇을?**

  필수 질문이다. "사업 아이템은 구체적인가? 사업 아이템은 나의 스토리와 어울리는가? 나에겐 쉽지만 다른 사람에게는 어려운 사업 아이템인가? 고객의 불편을 해소하는 아이템인가? 내가 1등하는 아이템인가?"

- **어디서?**

  무엇을 어디서 하는가라는 질문은 보조 질문이다. 창업하기 전에는 명확하게 대답하지 않아도 된다. "내 사업을 실행할 장소는 내가 1등 하는 곳인가?"

- **어떻게?**

  무엇을 어떻게 하는가라는 질문은 보조 질문이다. "사업모델은 무엇인가? 매출이 갑자기 제로가 되더라도 대처할 수 있는가? 고객에게 어떻게 신뢰를 주는가? 협력할 기업이 있는가?"

- **얼마에?**

  무엇을 얼마에라는 실문도 보조 질문이다. "내 사업을 하는데 돈이 얼마나 필요한가? 자금은 어떻게 구하나? 상품 가격은 결정했는가? 첫 매출은 언제 발생하는가?"

- **누가?**

  필수 질문이다. 반드시 대답해야 한다. "내 사업을 함께 할 파트너는 몇 명인가? 창업 후 1년 이내에 채용할 직원은 몇 명인가? 첫 상품의 고객은 누구인가?"

- **언제?**

  앞의 질문에 모두 답을 했으면 마지막 남은 질문은 실행의 타이밍이다. "준비 기간은 얼마나 필요한가? 직장을 다니면서 부업으로 내 사업을 시작할 수 있는가? 직장은 언제 그만둘 계획인가? 내 사업을 시작해야 할 타이밍은 언제인가?"

창업한 후에 투자자를 찾아간다면 투자자는 사업 아이템이 아니라 사람을 본다. 당신에게 다음 질문을 하고 대답을 들으면서 투자할지 여부를 결정한다.[7]

"당신은 어디 출신인가? 어디에서 교육받았나? 어느 조직에서 누구와 일해봤나? 지금까지 성취한 업적은 무엇인가? 업계에서 평판은 어떤가? 사업과 관련한 경험이 있는가? 어떤 지식을 가지고 있는가? 사업을 현실적으로 판단하는가? 보강할 사람이 있는가? 우수한 사람을 채용할 준비가 되어 있나? 역경에 어떻게 대응할까? 힘든 결정을 할 수 있나? 사업에 헌신적인가? 사업의 동기는 무엇인가?"

가장 쉽게 질문하는 반사법

어려운 문제가 생겼다. 문제의 범위도 잘 모르겠다. 해결하기는 해야겠는데 어디서부터 손을 대면 좋을지 모르겠다. 머릿속이 실타래처럼 얽혀 있다. 이런 때에는 누가 하나씩 질문해주면 좋겠다. 질문에 대답을 하다 보면 어느샌가 문제의 윤곽이 떠오른다. 나 스스로 애매하게 생각하던 부분도 질문에 대답하는 동안 확실해진다. 대답하면서 문제를 풀고 있다는 느낌이 들기도 한다. 내가 잘 대답할 수 있도록 요령 있게 물어보는 사람이 참 고맙다.

질문은 대답을 전제로 한다. 질문을 너무 길게 하면 정말 알고 싶은 게 무엇인지 이해하기 어렵다. 하나의 질문에 두 가지 이상의 질문을 섞지 않는다. 질문에 근거가 있으면 이를 제시한다. 질문은 어느 정도 표준화할 수 있다.

어느 자리에서나 질문을 쉽게 하려면 반사법을 사용한다. 상대방이 한 말에 5W2H를 붙여서 그대로 돌려주는 방식이다. 5W는 언제?when 어디서?where 누가?who 무엇을?what 왜?why를 의미한다. 2H는 어떻게?how 얼마에?how much를 의미한다. '누가?'는 '누가, 누구에게, 누구와, 누구를'처럼 다양하게 구분할 수 있다. '누구의 언제, 누구의 어디서, 누구의 무엇을, 누구의 왜'처럼 질문을 접속할 수도 있다. 이런 방식은 사람이 생각하는 자연스러운 질문법이다. 간단하지만 유용하다. 5W2H 순서대로 질문하면 최소 일곱 개의 질문은 가능하다.

강연회에서 "X가 중요하다"고 들었다면 X에 5W2H를 붙여서 반사한다. X에는 재생 에너지, 자원 리사이클, 매출 증가, 원가 절감, 금리 인상, 인재 양성 등 어떤 주제라도 들어갈 수 있다. 지식이 없어도 쉽게 질문 할 수 있다. 이렇게 만든 질문 중에는 전문가가 보아도 매우 중요한 질문이 있다.

- 언제: X는 언제 중요하나요? X는 언제부터 시작했나요? X는 언제까지 지속될까요?

- 어디서: X는 어디서 중요하나요? X를 가장 잘하는 국가는 어디인가요? X가 효과를 보는 분야는 어디인가요?

- 누가: X는 누가 리드하나요? X는 누구에게 중요하나요? X의 혜택은 누가 가장 많이 보나요?

- 무엇을: X는 무엇을 하나요? X는 방법은 무엇인가요? X를 하지 못하는 이유는 무엇인가요?

- 왜: X는 왜 중요하나요? X는 왜 지금 화제가 되었나요? X에 반대하는 사람은 왜 그런가요?

- 어떻게: X는 어떻게 하나요? X를 외부에 위탁하려면 어떻게 하나요? X의 현실은 어떻게 변하고 있나요?

- 얼마에: X의 비용은 얼마인가요? X로 얻는 이익은 얼마인가요? X로 인해 생기는 손실은 얼마인가요?

질문이 배려라면 대답은 예의다

외국에 오래 살았던 사람은 이런 질문을 받으면 난처해한다. "그 나라는 어때요?" 이렇게 어려운 질문에 쉽게 답하는 사람이 있다. 일주일 정도 외국 여행을 다녀온 사람에게 물어보면 그 나라에서 가장 맛있는 식당을 알려 준다. 그 나라 사람들의 성격이나 습관도 말해준다. 대답이 아니라 사실은 여행 갔다 온 자랑이다. 그 나라에서 오래 살았던 사람에게 그 나라에서 가장 맛있는 식당이 어디냐고 물어보면 쉽게 대답하지 못한다. 사람마다 좋아하는 음식이 다르고 형편이 다르니 딱히 어느 식당이 가장 맛있다고 대답하기 어렵다. 계절에 따라서도 맛있는 음식이 다르다. 맛있는 식당이라고 하지만 물어보는 사람의 의도를 알지 못하면 대답하기 어렵다. 깊이 알고 많이 알수록 쉽게 대답하기 어렵다. 가벼운 질문이라면 너무 성실하게 대답하는 게 오히려 어색할 수도 있다.

강연회에서 청중에게 질문하라고 하니 한 사람이 손을 든다. 이 사람은 질문이라면서 강연을 한다. 한 사람의 질문 시간이 너무 길어지니 사회자가 초조해한다. 질문을 빙자한 강연을 피하기 위해 청중에게 미리 질문지를 나누어 주는 경우도 있다. 강연이 끝나면 질문지를 회수해서 어떤 질문이 있는지 확인한다. 주최 측은 자신의 입맛에 맞는 질문을 선택한다.

질문은 물어보는 사람의 수준을 나타낸다. 제대로 질문하려면 본질을 파악하는 눈이 있어야 한다. 숲을 보면서 넓게 질문하고 나무를 보면서 상세하게 질문한다. 질문하라고 하면 예리하고 본질을 찌르는 내용을 물어봐야 한다고 생각하는 사람도 있다. 질문에 전문지식이 필요한 경우도 있지만 반드시 그렇지는 않다. 기본적이고 소박한 질문이 좋은 질문이다. 중요한 질문일수록 아무도 물어보지 않을 수 있다.

전문가의 질문은 문제를 해결하는 질문

질문이 무엇인지 알면 대답할 수 있다. 하나의 질문과 하나의 대답을 대응시킨다. 질문이 간결하면 대답 역시 간결하게 할 수 있다. 숫자로 답하거나 '네, 아니오'로 답하는 경우도 있다. 선문선답이나 동문서답은 좋지 않다. 질문에서 벗어난 대답을 하거나 거짓말로 대답하면 안 된다. 전문가가 전문가에게 대답할 때는 너무 상세하게 말하지 않아도 된다. 두 사람 모두 잘 알고 있는 내용이라면 요점만 간결하게 말하면 된다. 질문의 의도를 모르면 대답하기 어렵다. 진짜 질문은 무엇인지 확인한다.

전문가는 고객에게 질문하고 대답을 들으면서 문제를 해결한다. 질문 중에 특히 중요한 질문이 있다. 미용사는 질문을 통해서 고객이 원하는 스타일을 찾아낸다. 머리를 손질하러 온 고객은 마음속으로는 어떤 옷을 입고 어떤 자리에 갈지 정하고 있다. 상황에 가장 잘 어울리는 머리 모양도 이미 정하고 있다. 그렇다고 해서 미용사에게 모두 말하지는 않는다. 미용사가 아무 질문도 하지 않고 고객의 머리를 다듬어 준다면 고객이 원하는 결과를 얻기 힘들다. 경험이 많은 미용사는 고객에게 다양하게 물어본다. 중요한 모임에 가기 위해서 머리를 하는지 혹은 머리가 길어서 다듬으려 하는지 물어본다. 중요한 질문을 할 수 있어야 전문가다.

질문과 대답은 또 다른 질문으로 이어진다. 수사관은 용의자에게 질문하고 대답을 들으면서 사건의 전모를 파악한다. 질문을 하면서 문제를 해결하기 위한 핵심적인 요소를 발견한다. 큰 문제를 해결하면 작은 문제는 저절로 해결된다.

목적에 따라 질문도 달라진다

질문에는 다양한 목적이 있다. 궁금하거나 모르는 내용을 알고 싶어서 질문한다. 강연을 들었는데 내용을 잘 이해하지 못해서 질문한다. 애매한 부분은 구체적인 사례를 질문하거나 단어의 의미를 질문한다. 이야기가 갑자기 비약했다면 근거가 무엇이냐고 질문한다. 어떤 근거로 결론을 도출했는지 질문한다. "사업 배경에 대해서 지금까지 유사한 사례가 있었는지요?"

아이들은 단순히 호기심에서 질문한다. "아기는 어떻게 생겨?" 아무런 의도가 없이 그저 심심해서 질문한다. "놀이공원에는 언제 가?"

상대방에게 동기를 주기 위해서 질문한다. "이번 프로젝트가 성공하면 스스로에게는 어떤 선물을 주실 겁니까?" 이런 질문은 상대방을 투지에 불타게 만든다.

칭찬하려고 질문한다. "왜 이렇게 아름다운 거야?" 질문의 형식을 빌어 찬사를 늘어놓는다. "그렇게 멋있는 패션은 어떻게 생각했어?" 질문 하나로 상대를 감동시킨다. 상대방을 추켜세우는 질문이다. "정말 기발한데요. 그런 아이디어는 어디서 얻었어요?" 동료의 헤어 스타일이 변했다면 이를 칭찬한다. "참 잘 어울리네. 좋은 일 있어?" 이런 질문은 상대방에게 에너지를 준다.

상대방의 입장이나 논리를 강화해 주기 위해서 질문한다. 동원된 청중이 미리 짠 각본대로 질문한다. "원가를 절감하기 위해서 신공법을 도입하셨나요?"

강연회에서 시간이 남은 강사가 강의 시간을 메우려고 청중에게 질문한다. "오늘 강연에서 가장 기억에 남는 단어는 무엇인가요?" 청중이 너무 엉뚱한 대답을 하면 강사가 난처해질 수도 있다.

분위기를 좋게 만들려고 질문한다. "정말 좋은 말씀입니다. 혹시 또 다른 사례도 있는지요?" 상사가 부하 직원을 격려하기 위해서 질문한다. "이번 일도 멋있게 끝낼 거지?"

상대방의 동의를 구하기 위해 질문한다. "역시 기본 계획이 잘 나왔지요?"

상대방을 유도하기 위해 질문한다. 정치인이 선거유세를 하면서 유권자에게 질문한다. "반드시 투표하실 겁니까?" 연이어 질문한다. "제가 꼭 당선되어야 합니까?"

분위기를 바꾸기 위해 질문한다. "그건 그렇고, 지난번 그 일은 끝났어?"

놀라거나 감탄해서 질문한다. "정말 그랬어?"

상대방을 비난하기 위해 질문한다. "지금 말씀하신 내용에 근거는 전혀 없지요?"

상대방이 얼마나 알고 있는지 확인하려고 질문한다. "증거 있어? 누가 그런 말을 해?"

사교를 위해 질문한다. 모임에서 참석자들이 돌아가면서 근황을 소개한다. "건강하시죠?" 가벼운 질문을 하면 어색한 분위기를 벗어날 수 있다. 오늘 처음 만난 사람이지만 질문을 계기로 친해지기도 한다. 질문은 사람과의 관계를 부드럽게 해주는 윤활유와 같다.

좋은 질문이 좋은 대답을 부른다

질문에 앞서 먼저 상대방의 장점이나 잘한 점을 칭찬한다. 상대방의 인격을 존중한다는 느낌을 주고 우호적인 분위기를 만든 후에 문제점이나 의심이 가는 내용을 질문한다. "계절이 금세 바뀌었죠?"라거나 "오늘 회의는 잘 되겠죠?"라고 가볍게 질문한다. "요즘 바쁘세요?"라거나 "얼굴이 좋아 보이네요?"라고 물어보면 어떤 대답을 들어도 상관없다. 분위기를 좋게 이끌어 간다면 좋은 질문이다.

질문에는 타이밍도 중요하다. 갑자기 질문하지 않고 먼저 분위기를 가볍게 한다. 좋은 질문은 원하는 대답이 명확하다. 긍정적인 대답을 유도한다. 미래를 지향하는 질문이다. 좋은 질문은 상대방을 즐겁게 한다.

나쁜 질문도 있다. 무엇을 알고 싶은지 애매하다. 대답하고 싶어도 어떤 대답을 하면 좋을지 모른다. 굉장히 깊이 생각해서 대답해야 하는 질문도 나쁘다. "행복이란 무엇이라고 생각하십니까?"라거나 "어떤 인생관을 가지고 계시나요?"라는 질문에는 단답형으로 가볍게 대답하기 어렵다. 차별적인 질문도 나쁘다. 마음에 상처를 주는 질문도 있다. 성의 없는 질문도 나쁘다. 갑자기 추상적인 질문을 해도 곤란하다. 사생활을 꼬치꼬치 묻는 질문도 나쁘다. 처음 만난 사람에게 출신 학교나 결혼 여부를 물어본다. 나이를 물어보며 호적을 조사한다. 질문이 아니라 취조다. 도굴꾼과 같다. 도굴꾼은 여기저기 파헤쳐보고 마음에 드는 게 없으면 그대로 방치하고 떠난다. 고고학자는 유적을 소중히 여기고 정성스럽게 하나씩 찾아 나간다. 질문은 도굴꾼이 아니라 고고학자처럼 해야한다.

가장 나쁜 대답이라면 아무 말도 하지 않고 침묵하는 태도다. 침묵은 때로는 부정이고 때로는 긍정이기 때문에 대답으로 받아들이기 어렵다. 대답을 예의라고 생각하면 대답을 회피하거나 의도적으로 화제를 바꾸는 사람은 의심스럽다. 핵심적인 질문을 하면 여기에 대답하지 않고 일반적인 화제로 말을 돌린다. 질문에 대해서는 답을 하지 않고 거꾸로 물어본다. "불량의 원인은 무엇입니까?"라고 물어보면 "매출이 늘어야 할 텐데"라며 논점을 바꾼다. 질문에는 대답하지 않는다. 경험이 많은 정치가는 어려운 질문에는 대답하지 않는다. 질문을 바꾸어 버린다.

좋은 질문을 하려면 제대로 들어야 한다

질문하려면 상대방의 대답에서 질문거리를 찾아야 하므로 상대방의 말을 자세히 듣게 된다. 상대방의 말을 제대로 들을 수 있는 능력은 노력으로 얻을 수 있다. 상대방이 하는 말을 주의 깊게 듣고 적절하게 추임새를 넣는 연습을 한다. "그러세요?", "아아", "그랬군요." 누구나 말을 잘하고 싶은 본능이 있기 때문에 말하기에는 신경을 많이 쓴다. 그러나 제대로 잘 들으려고 노력하지는 않는다. 관심도 없고 노력도 하지 않으니 제대로 듣는 일이 점점 어려워진다.

들으면서 요점을 파악하고 이해하려면 메모를 하면 좋다. 메모는 상대방의 말을 내가 잘 듣고 있음을 표현하는 좋은 방법이다. 대화의 80퍼센트는 상대방의 이야기를 들어주고 20퍼센트는 나의 의견을 말한다. 말을 많이 해서 손해 보는 경우는 있지만, 말을 적게 해서 손해 보는 경우는 거의 없다. 사람들은 나의 말을 잘 들어주는 사람에게 호의적이다. 상대방이 말을 더 많이 하게 하려면 부드럽게 질문한다.

듣는 능력을 키우려면 상대방이 길게 한 말을 문장 하나로 줄이는 연습이 좋다. 저 사람이 한 시간 동안 주장한 내용을 하나의 문장으로 만들 수 있을까? 단어 하나로 나타낸다면 뭐가 좋을까? 신문에서 톱뉴스의 제목을 정하는 방식과 비슷하다. 추상적이거나 애매한 표현을 사용하면 이를 보는 사람들이 알기 어렵다. 너무 쉬운 표현을 사용하면 깊이가 없어서 가벼워 보인다. 길게 말하기보다 문장 하나로 요약하기가 더 어렵다. 요약을 잘하려면 말하는 사람의 목적과 관점에 맞추어야 하는데 제대로 듣지 않으면 할 수 없는 작업이다.

다른 사람의 말을 제대로 듣기 위해 할 수 있는 가장 쉬운 방법은 맞장구다. 면접시험에서 면접관이 지원자에게 질문을 한다. 지원자는 열심히 대답한다. 면접관이 맞장구를 쳐주면 지원자는 자연스럽게 자신의 생각을 말한다. 지원자의 말을 제대로 듣지 않으면 맞장구를 칠 수 없다. 면접관은 지원자의 서류를 꼼꼼히 보는 태도도 중요하지만 지원자의 말을 제대로 듣는 능력이 더 필요하다. 지금 당신이 하는 말을 잘 듣고 있다는 태도를 잘 나타내는 행동이 맞장구다.

상대방의 말을 제대로 듣지 않거나 상대방의 말에 반발심이 있으면 맞장구를 치기 어렵다. 맞장구는 긍정이다. 듣는 사람이 맞장구를 치면 말하는 사람은 이를 긍정적인 신호로 해석한다. 상대방이 나에게 부정적인 마음이 있다고 생각하면 말을 계속 이어 나가기 어렵다. 맞장구는 상대방을 수용한다는 표시이므로 맞장구를 치면 상대방은 말하기 쉬워진다. 더 이상 대화하기 싫다면 맞장구를 전혀 치지 않으면 된다.

정치토론이나 논쟁할 때는 의도적으로 상대방의 생각에 맞장구를 치지 않는다. 맞장구를 치려면 상대방의 말을 제대로 들어야 하는데 이게 위험하다. 상대방의 생각을 제대로 이해하면 나의 주장을 강하게 펼치기 어렵다. 1구 2언 훈련에서 느꼈겠지만 상대방의 생각에도 일리가 있기 때문이다.

다른 사람이 하는 말을 계속 듣고만 있으려면 인내심이 필요하다. 아무리 친한 사이라도 한 사람이 일방적으로 말하고 다른 사람은 듣고만 있으면 피곤하다. 상대방의 말을 가장 잘 들어주는 건 연애할 때다. 그저 듣고만 있어도 좋다. 이런 사람도 결혼하고 석 달이면 변한다. 상대방이 혼자서만 말하면 듣기 싫다. 아무리 상사라도 회의에서나 회식에서나 혼자만 말을 하면 듣는 사람은 피곤하다. 내용이 문제가 아니다. 듣고만 있는 그 자체가 힘들다.

우리는 듣기보다 말하기를 훨씬 더 좋아한다. 나의 말을 잘 들어주는 사람과 함께 있으면 편안하게 말을 많이 한다. 말을 많이 한 사람은 내 말을 잘 들어준 사람에게 호감을 느낀다. 상대방의 호감을 사려면 그 사람이 하는 말을 잘 들어주면 된다. 말하기는 누구라도 할 수 있지만 제대로 듣기는 아무나 하지 못한다.

말이 많은 사람과 말을 잘하는 사람의 차이는 상대방에 대한 배려에 있다. 말을 잘하는 사람은 상대방 기분을 파악하고 입장을 이해한다. 정말 말을 잘하는 사람은 다른 사람의 말을 제대로 듣는다. 그래야만 상대방이 듣고 싶어하는 말을 할 수 있다. 말을 잘하지 못해도 영업을 잘하는 사람이 많다. 말이 너무 많으면 오히려 영업에 어울리지 않는다. 고객에게 말을 많이 시키는 사람이 영업에 어울린다. 영업사원과 고객이 하는 대화의 총량은 커야 하지만 고객이 말하는 내용이 훨씬 많아야 한다. 관심이 있어야만 질문하는 게 아니다. 질문을 하면 관심이 생긴다. 질문은 상대방에 대한 예의다.

미라클 씽킹 습관

08

기본적이고 소박한 질문이
좋은 질문이다

강연이나 세미나에 참석하면 반드시 질문한다.
질문 수준이 낮을까봐 걱정하지 않는다.
어떤 질문이라도 반드시 가치가 있다.
질문하지 않고 가만히 있기보다 훨씬 훌륭하다.

09 A3 생각법, 크기가 커질수록 창의성도 높아진다

컬럼비아대학교 멜라인 브럭스 교수는 화상회의를 하면 창의적인 아이디어가 20퍼센트 감소한다고 말한다.[1] 회의실에서 만나 회의하면 공간 전체에 초점이 골고루 분배되지만, 화상회의를 하면 컴퓨터 화면에만 초점을 맞추기 때문이다. 컴퓨터 화면만 쳐다보고 시야가 좁아지면 인지하는 범위가 좁아지고 창의적인 생각이 나지 않는다. 화상회의는 깊이 집중해야 하는 업무에 적합하다. 아이디어를 생성하려면 직접 만나서 대화하고, 아이디어를 결정하거나 평가하려면 화상회의를 하라고 조언한다.

스티브 잡스는 한 손으로 사용하는 스마트폰을 고집했다.

아이폰은 발매 후 오랫동안 화면 크기를 3.5인치로 고정했다. 컴퓨터 화면이 커질수록 창의성이 높아진다는 연구 결과는 아직 보고되지 않았다. 화면 크기와 창의성 사이에 상관관계는 없다고 말하는 사람은 화면은 생각에 필요한 한 가지 요소에 불과하기 때문이라고 본다.

그렇지만 노트북이나 스마트폰의 화면이 커야 좋다는 사람은 많이 있다. 큰 화면을 원하는 고객이 늘어나고 경쟁사들이 큰 화면을 채택하니 아이폰 화면도 5.8인치까지 커졌다. 삼성전자는 6.8인치까지 제공한다. 스마트폰만이 아니다. TV 역시 화면 크기가 점점 커져서 98인치까지 등장했다. 가정에서 거실 한 면을 다 채우고 영화관 분위기를 낸다. 자동차에 설치하는 화면 크기도 점점 커진다. 테슬라가 실내 디스플레이 화면 크기를 17인치로 만들면서 경쟁 기업도 화면 크기를 키우고 있다. 50인치까지 커진다는 전망도 있다. 작은 화면에서 지도를 보면서 목적지를 찾아가면 자동차가 어디로 가는지 알기 어렵다. 운전자는 내비게이션의 축적을 크게 해서 지도의 전체 모습을 본다. 화면 크기가 커지면 전체 모습을 조감하기 쉽다.

도요타자동차에서 활용하는 A3 매니지먼트

기업에서 개선 활동을 하면서 큰 용지를 사용하는 사례가 있다. 도요타자동차는 A3 용지를 매우 효율적으로 사용한다.[2] 도요타자동차에서 'A3 매니지먼트'라고 부르는 형식인데, 문제 정의에서 표준화에 이르기까지 모두 A3 용지 한 장에 명확하게 표현한다. 두꺼운 분량의 보고서를 작성하지 않고 핵심만 쉽게 파악하는 방식이다. A3 한 장이면 원인과 결과를 한눈에 볼 수 있다.

거대한 기업은 쉽게 변하기 어렵다. A3 매니지먼트의 목적은 린lean 변환에 있다. 린 변환은 가치를 만들기 어려운 활동은 제거하고 핵심에 집중하는 전략으로, 도요타 생산 방식이 원조다.[3] 문제를 해결하는 방식을 구조화하면 지속적으로 개선 활동을 이어갈 수 있다. 기업은 끊임없이 개선 활동을 실천하고 성과를 내야 한다. 이를 실행하는 주체는 사원이다. 사원은 목표를 세우고 실천하면서 성과를 만드는 과정을 체험한다. 문제를 해결하는 과정과 결과는 모두 기록되어 회사의 지식 재산으로 축적한다. 표준화까지 연결하면 똑같은 문제가 재발하는 경우를 방지할 수 있다.

도요타자동차는 문제 해결 방식을 8단계로 구분하고 모든 단계를 A3 한 장에 모두 담는다. 1~3단계는 생각에 해당하고, 4~8 단계는 행동에 해당한다. A3 용지의 왼쪽 절반에는 문제 해결을 위한 생각을 적고, 오른쪽 절반에는 행동한 결과를 적는다.[4] A3 한 장에 어떤 문제를 어떻게 해결했는지 모든 과정이 포함되어 있다.[5] 문제 해결 8단계를 단계별로 진행하면 아무리 복잡한 문제라도 나누어 해결할 수 있다. 문제에서 원인을 발견하고 문제가 생기는 본질을 파악하면 단계에 따라 문제를 해결하는 능력을 키울 수 있다.[6]

전달하고 싶은 내용을 간결하게 A3 한 장으로 정리하면 발표하기도 쉽다. 발표를 하면 스스로 계획을 세우고 실행해서 결과를 검증하는 능력이 생긴다. 팀이 함께 발표하는 경우에는 팀원을 설득하고 지휘하는 리더십이 생긴다. 또한 팀원에게 동기를 부여하면서 내용을 요약하고 문제를 해결하는 능력이 생긴다.

● 1단계: 주제를 선정한다.

해결해야 하는 주제를 정하고 추구하는 미래 모습을 명확하게 그린다. 미래 모습과 현재 상황의 차이는 지금부터 해결해야 하는 과제다.

- **2단계: 문제점을 발견한다.**

  현상으로 나타난 문제를 계층으로 나누어 조사하면 문제점을 구분할 수 있다. 모든 사원이 문제를 이해하고 문제를 해결한 후의 이미지를 그린다.

- **3단계: 목표치와 달성 시기를 정한다.**

  누가 보더라도 쉽게 알 수 있도록 언제까지 얼마나 달성할지 목표를 수치로 정한다.

- **4단계: 원인을 분석한다.**

  무엇이 진짜 원인인지 알기 위해 다섯 번 연속으로 "왜?"라는 질문을 한다. 문제 해결을 위해 가장 중요한 단계다.

- **5단계: 대책과 일정을 세운다.**

  목표를 달성하기 위한 계획을 세운다. 대책안을 여러 개 검토하고 우선순위를 정한다.

- **6단계: 대책을 실행한다.**

  대책을 계획대로 실행한다. 실행한 결과에 따라 계획을 수정하면서 목표 달성의 가능성을 높인다. 실행 과정은 투명하게 보여야 한다.

- **7단계: 효과를 확인하고 평가한다.**

실행한 결과와 목표의 차이는 수치로 평가하고 판별한다.

- **8단계: 표준화하고 전개한다.**

  실시하기 전과 후를 비교해서 효과가 있는 내용을 표준화

  하고 매뉴얼로 만들어 관련 부서에 배포한다.

일상에서 활용하는 A3 생각법

일상에서 A3 용지를 활용하려면 요령이 있다. 용지는 접지 않

고 펼친 상태로 책상 위에 옆으로 길게 놓는다. 책상 위에는

A3 용지 한 장과 3색 펜만 놓아둔다. A4 용지는 많이 사용하

므로 눈에 익지만 A3 용지는 막상 눈앞에 있으면 낯설다. 책상

위에는 물건을 두지 않고 공간을 여유롭게 만든다.

참고 자료에 있거나 강연에서 들은 내용은 검은색 펜으로

적는다. 적는 위치는 용지의 어디라도 상관없다. 나중에라도

내용을 추가할 수 있도록 충분히 여백을 두고 적는다. 정말 중

요하다고 생각하거나 인상적인 내용만 적는다. 한 가지 자료

에서 한 가지 내용만 건지면 된다는 마음으로 적는다. 그러나

검은색 펜으로는 가급적 적지 않는다. 그 대신 내 머릿속에 떠

A3 메모		자료에 있는 내용인가?	
		있다	없다
강사가 설명한 내용인가?	그렇다	강사가 자료를 보고 설명한 내용	강사가 강의하면서 떠오른 생각
	아니다	강사가 강의하면서 그냥 넘어간 내용	내 머릿속에 번쩍하고 떠오른 세렌디피티

오른 생각을 파란색 펜으로 많이 적는다. 내가 이미 알고 있는 내용을 자료나 강연과 연결할 수 있으면 좋다. 파란색 펜으로 적는 내용이야말로 내가 생각하고 생성한 아이디어다. 자료나 강연은 지식 촉매가 되어 내 생각을 자극한다. 나중에 찾아볼 내용은 빨간색 펜으로 적는다.

A3 용지에 적는 내용은 크게 네 가지다. 자료에 있거나 강연에서 들은 내용, 지식 촉매로 인해 내 머릿속에 떠오른 생각, 나중에 추가로 적은 내용, 자료나 강의와는 전혀 상관없이 내 머릿속에 떠오른 세렌디피티(우연으로부터 얻은 중대한 발명이나 발견)다.

A3 크기의 종이여야 하는 이유

노트 중에는 방안지 형식도 있다. 창의력을 키우려면 방안지가 좋다고 한다. 방안지는 가로나 세로로 선이 그어져 있어 필기하거나 그림 그리기 편해서다. 그러나 방안지 형식의 A3 모눈 노트는 구하기 힘들고 가격도 비싸다. 그래서 사무용 복사지 중에서 가장 큰 A3 복사지를 사용한다. 복사지라서 아무런 선이 없다.

우리가 평소 사용하는 종이 사이즈는 A4다. A3의 절반 크기다. 노트 역시 아무리 커도 A4 정도다. A3 용지는 거의 사용하지 않으므로 막상 책상 위에 한 장 올려놓으면 평소에 사용하는 노트나 메모장보다 크다. 여기에 내용을 적으라면 당황하고 부담을 느낄 수 있다. 이렇게 큰 종이에 무얼 적을까?

커다란 A3 용지를 사용하는 목적은 내용을 많이 적으려는 게 아니다. 여백을 최대한 많이 확보하기 위해서다. 여백이 없으면 나중에 떠오른 생각을 추가로 적기 어렵기 때문이다. 자료를 보거나 강연을 들으면서 내용은 가급적 적지 않는다. 내 머릿속에 떠오른 내용을 많이 적는다. 검은색보다 파란색으로 적은 내용이 압도적으로 많아야 한다.

고등학교까지는 학교에서 노트 필기를 많이 한다. 노트에는 대부분 7밀리미터나 8밀리미터 간격으로 줄이 그어져 있다. 줄 간격에 맞추어 글자 크기를 일정하게 맞추어 적으면 나중에 보아도 깔끔하고 잘 정리된 인상을 준다. 글자가 수평으로 일직선상에 위치하고 줄과 줄의 간격이 일정해야 마음이 안정된다. 노트북으로 입력하는 경우에도 노트 필기하는 작업과 비슷하다.

하지만 A3 용지에 생각을 적을 때에는 노트에 필기하는 방식과는 다르게 한다. 용지의 왼쪽에서 오른쪽을 향해서 내용을 적더라도 글자가 수평선 위에 반듯하게 위치할 필요는 없다. 일부러 비스듬하게 경사지게 적으면 노트 필기와는 다른 위화감을 느낀다. 용지의 오른쪽 위에서 왼쪽 아래를 향해서 내려오면서 적거나 오른쪽 아래에서 왼쪽 위를 향해서 올라가면서 적는다. 용지의 중앙에 적거나 귀퉁이에 적어도 된다. 왼쪽 위에서 시작해서 반듯하게 아래로 한 줄씩 내려가면서 적는다. 낙서하듯이 여기저기 적는다. 용지를 몇 번 접어서 구역을 나눈 후에 구역별로 적어도 좋다. 단어를 적고 동그라미로 원을 그리기도 한다. 이 정도만 해도 노트 필기와는 다른 느낌을 준다.

자료를 보거나 강연을 듣고 검은색으로 필기한 내용을 인풋이라 하고 파란색으로 필기한 내 생각을 아웃풋이라 한다면, 인풋보다 아웃풋이 더 많아야 한다. 인풋은 내 생각을 끄집어내기 위한 촉매다. 아웃풋은 내가 생성한 아이디어다. 아웃풋은 인풋의 두 배는 되어야 한다. 자료를 보거나 강연을 들으면서 중요한 내용을 적고 여기에 내 생각을 덧붙인다. 생각에 생각이 꼬리를 물면서 새로운 생각으로 이어진다. 이미 내가 알고 있던 내용이라도 새로운 내용과 연결하면 의미가 새롭게 바뀔 수 있다.

미라클 씽킹 습관

09

A3의 여백을
충분히 활용하라

큰 종이에 내 생각을 적고 여백을 많이 남긴다.
시간이 지난 후에 다시 보면 여백에 추가로 적을 내용이 있다.
만약 추가할 내용이 없다면 내 생각에 전혀 진전이 없다는 증거다.

10 프레임, 생각의 줄기를 만든다

타이거 우즈는 골프 황제라는 별명에 어울리게 탁월한 성적을 남겼다. 하지만 그가 2009년에 일으킨 섹스 스캔들은 골프를 모르는 사람에게도 유명한 화제가 되었다. 섹스 중독이라는 단어가 언론에 빈번하게 등장했다. 섹스 중독을 어떻게 생각하면 좋을까? 섹스 중독을 생각하는 프레임으로 섹스 충실도를 생각해보았다. '섹스 충실도 = 건강 × 관계 × 욕망'. 섹스 충실도는 건강, 관계, 욕망의 세 요소의 곱셈이다. 곱셈이므로 어느 하나라도 제로가 되면 전체가 제로다.

건강은 "얼마나 건강한가?"에 대한 대답이다. 관계는 "상대방을 얼마나 좋아하는가?"에 대한 대답이다. 욕망은 "섹스를 얼마나 하고 싶은가?"에 대한 대답이다. 세 요소는 각각 확대하거나 축소한다. 건강하고 관계도 좋으며 욕망도 크면 충실한 섹스가 가능하다. 건강하고 관계도 좋지만 욕망이 없으면 스트레스를 피하고 자극이 필요하다. 거꾸로 욕망이 너무 크면 섹스 중독을 의심한다. 건강하고 욕망도 있지만 관계가 소원한 경우에는 먼저 상대방과 가까워져야 한다. 관계도 좋고 욕망도 있지만 건강하지 않으면 건강 회복이 먼저다.

생각을 나무에 비유한다면 생각이 성장하려면 큰 줄기가 필요하다. 프레임을 사용해서 생각의 줄기를 만든다. 프레임은 하나로 충분할 수도 있지만 여러 개를 함께 사용하기도 한다. 생각하다 보면 같은 생각을 반복하거나 아예 아무 생각도 나지 않는다. 프레임은 생각의 실마리를 제공한다.

생각의 입구와 출구, 프레임을 만드는 4단계

신상품 아이디어를 만들고 싶다면 어디서부터 생각할까? '3C 프레임'은 시장을 고객Customer, 경쟁자Competitor, 자사Company의 관점에서 질문한다. 고객의 요구를 충족시키는 신상품이란?

경쟁자가 아직 요구를 충족시키지 못하는 신상품이란? 자사의 강점을 살릴 수 있는 신상품이란? 세 가지 질문에 대답하는 과정에서 신상품 아이디어가 생긴다.

프레임은 생각의 입구다. 문제가 생기면 해결 방법을 생각하는 출발점이다. 생각이 안 나고 막연할 때 감각이나 경험에만 의존하지 않고 논리적으로 신속하게 생각할 수 있다.

프레임은 생각의 출구이기도 하다. 생각이 너무 많을 때 정리하는 틀이다. 생각해야 할 포인트와 생각의 흐름을 미리 정할 수 있다. 생각의 입구와 출구를 비교하면 무엇이 문제인지 알 수 있다. 처음 생각과 정리된 생각이 어디가 같고 어디가 다른지 비교할 수도 있다. 정리된 생각에 기반해서 문제를 해결하거나 계획을 세운다. 프레임을 만들려면 다음 네 가지 단계를 고려한다.

1단계: 문제를 정의한다

문제는 처음에는 애매하다. 예를 들어 '조직의 생존'이라는 식으로 모호하다. 문제를 해결하려면 구체적으로 표현해야 한다. '조직의 생존'이 아니라 '시장 점유율 20퍼센트'와 같은 식이어야 한다. 문제가 구체적이지 않으면 해결 방법을 찾기도 어렵고 결과를 검증할 수도 없다.

2단계: 문제 해결에 사용할만한 프레임을 선택한다

조직의 생존이 걸린 문제라면 경험이나 느낌만으로 진행할 수는 없다. 그렇다고 처음부터 하나씩 생각하기에도 무리가 있다. 다른 사람의 지혜를 빌릴 수 있으면 빌려야 한다. 프레임이라는 이름의 지혜는 이미 많이 있다. 스스로 프레임을 만들려면 시간과 노력이 필요하다. 많은 프레임 중에서 목적에 맞는 프레임을 선택해서 사용한다. 어느 문제에는 어느 프레임을 사용한다고 거의 정해져 있기도 하다. 표준처럼 사용되는 프레임도 있다. 오랫동안 사용하면서 효과를 입증한 프레임도 있다.

막상 문제가 생기면 어떤 프레임을 사용하면 좋을지 망설인다. 어떤 프레임이 있는지는 알고 있지만, 어느 프레임이 가장 목적에 맞는지 알지 못하면 제대로 사용할 수 없다. 세상에 있는 모든 프레임을 외울 필요는 없지만 어떤 프레임이 있는지 알면 아는 만큼 도움이 된다. 필요할 때 적절한 프레임을 사용할 수 있기 때문이다. 프레임을 목적에 따라 사용하면 무엇이 문제이고 무엇이 필요한지 논리적으로 생각할 수 있다. 프레임을 몰라도 생각할 수 있지만 효율이 나쁘다. 문제에 맞는 프레임을 활용하면 깊고 넓게 생각할 수 있다.

프레임이 없으면 어디서부터 생각해야 할지 헤맨다. 프레임을 몰라도 좋은 생각을 할 수 있지만 중요한 요소를 빠뜨릴 수 있다. 프레임은 생각해야 할 포인트를 명확하게 하므로 누구나 사용할 수 있다. 사고방식, 의사결정, 환경분석, 문제 해결, 전략 입안에 프레임을 사용한다. 워크숍이나 회의에서 잘 알려진 프레임을 사용하면 참석자들이 쉽게 이해한다. 목적에 맞는 프레임을 사용하면 남을 설득하기도 쉽다. 참석자들이 이해하지 못하는 프레임을 사용하면 결론을 거부당할 가능성이 크다.

프레임을 사용하면 생각하는 속도가 빨라진다. 프레임에 정해둔 내용만 생각하고 다른 내용은 생각하지 않아도 된다. 어떤 내용이 필요한지 판단할 필요가 없다. 프레임은 생각의 입구도 되고 출구도 되기 때문에 생각하고 정리하는 시간을 단축시킨다. 프레임은 개인이나 조직이나 모두 사용할 수 있다. 조직에서는 조직의 논리가 필요하다. 논리는 조직경영에 일관성을 부여한다. 프레임은 조직이 논리를 만드는 데 도움이 된다.

물론 프레임이 만능의 법칙은 아니다. 프레임을 과신하면 안된다. 프레임은 많지만 완벽한 프레임은 없다. 모든 프레임에는 한계가 있다. 조직에서 당연하다는 듯이 사용하는 '매슬로의 욕구 5단계'는 인간의 욕구를 저차원에서 고차원으로 다섯 단계로 구분한다. 생리 욕구, 안전 욕구, 귀속 욕구, 승인 욕구, 자기실현 욕구의 5단계다. 낮은 차원의 욕구가 충족되면 다음 단계의 욕구를 추구한다는 내용이다. 하지만 모든 사람이 정말 그렇게 하는지는 불확실하다. 그외 많이 사용하는 프레임을 몇 가지 소개한다.

- **경험곡선**

  경험을 쌓으면 비용이 일정한 비율로 감소한다는 경험칙이다. 그래프로 그리면 경험곡선이 된다. 생산 비용, 개발 비용, 판매 비용, 일반 관리 비용 등 기업의 모든 비용에 경험 효과가 적용된다. 누적 생산량이 두 배가 되면 20~30퍼센트 정도 비용 절감이 가능하다는 보고가 많다. 하지만 지역이 다르고 기술이 다르면 같은 상품이라도 경험곡선은 적용되지 않는다.

- **비즈니스 모델 캔버스**

사업을 생각할 때 많이 사용하는 프레임이다. 프레임을 구성하는 9개 요소를 메우면서 비즈니스 모델을 완성한다. 9개 요소 중에서 '가치 제안, 고객과의 관계, 고객 세그먼트, 채널, 수입의 흐름, 파트너'는 마케팅에 관한 내용이다. 이런 요소는 누가 봐도 알기 때문에 경쟁자가 모방하기 쉽다. 경쟁자가 비슷한 비즈니스 모델을 구축하면 경쟁우위를 만들기 어렵다. 비즈니스 모델 캔버스만 사용하면 경쟁자에 대한 우위를 검증하기 어렵다. 상품이나 시장을 분석하는 다른 프레임을 사용해서 경쟁자를 분석할 필요가 있다.

- **회수기간법**

프레임의 한계를 프레임으로 보완한다. 투자에서 많이 사용하는 프레임인 '회수기간법'은 투자한 후에 회수할 수 있을 때까지의 기간을 계산한다. 이에 근거해서 투자 여부를 결정한다. 투자를 판단하는 경우 회수기간법만으로는 부족하다. 회수기간이 끝난 다음부터 이익이 늘어나는 경우와 이익이 줄어드는 경우를 똑같이 평가하기 때문이다. 이런 한계를 보완하기 위해서 NPV(할인현재가치)와 IRR(내부 수익률)을 사용한다. NPV는 투자 및 장래의 지출과 수입을 계산하고 이를 일정한 비율로 할인하여 현재 가치를 계산하는 방법이다. NPV가 플러스면 투자를 진행한다. 할인율에는 자본비용이나 장기 국채 이율 등이 사용된다. 내부 수익률은 투자기간 동안 발생한 현금수익을 현재 가치로 환산한 금액이 투자 금액과 같도록 할인한 이자율이다.

3단계: 프레임을 사용해서 생각한다

갑자기 세상의 변화를 분석하라고 요구하면 당황스럽다. 세상의 범위는 넓다. 어디에서 어디까지를 세상으로 정할까? 이런 때에는 세상의 변화를 분석하는 'PEST 프레임'으로 정치Politics, 경제Economy, 사회Society, 기술Technology의 관점을 사용할 수 있다. 먼저 정치 변화를 조사한 후에 이어서 경제 변화를 조사한다. 여기에 더해 사회와 기술의 변화까지 조사하면 세상의 변화를 어느 정도 이해할 수 있다. 물론 다른 관점으로 세상의 변화를 분석해도 된다. 세상을 음악, 미술, 무용, 연극의 관점에서 볼 수도 있다. 목적과 관점이 다르면 사용하는 프레임이 다르다.

조직의 생존을 위해서 경쟁 전략을 만든다고 하자. 먼저 '경쟁의 기본 전략 프레임'을 사용해서 경쟁우위의 요소로 무엇이 있는지 확인한다. 기업에서는 비용 리더십, 차별화, 집중을 경쟁우위의 요소로 본다. 비용 리더십은 동업 타사보다 낮은 비용을 실현하는 전략이다. 차별화는 업계에서 특이한 무언가를 창조하는 전략이다. 집중은 특정 고객, 특정 제품, 특정 시장에 자원을 집중하는 전략이다. 기업은 세 가지 전략 중에서 적어도 하나는 제대로 해야 한다.

'핵심역량 프레임'도 챙겨야 한다. 타사는 제공할 수 없는 이익을 고객에게 줄 수 있도록 기업 내부에 숨겨진 독자적인 기술을 핵심역량이라고 한다. 여기에는 세 가지 조건이 필요하다. 첫째, 핵심역량은 고객이 인지할 수 있는 가치다. 기업 혼자서 생각한 경쟁력이 아니다. 둘째, 핵심역량은 경쟁자와 차이가 있어야 한다. 독특한 경쟁 능력이며 타사보다 우수해야 한다. 셋째, 기업 능력을 넓혀야 한다. 구체적인 상품 이미지를 그려야 한다. 하지만 문제가 있다. 자사의 핵심역량이 무엇인지 알기가 어렵다. 사실은 자사가 가진 경영 자원이 무엇인지도 분명하게 정의하기 어렵다.

프레임을 사용해서 만든 생각은 프레임에 맞추어 정리할 수 있다. 생각이 정리되었다는 의미는 행동에 있다. 생각한 대로 즉시 행동할 수 있으면 생각은 제대로 정리되었다고 본다. 즉시 행동하지 않더라도 가장 적합한 시점에 행동하기 위해 전략적으로 기다리고 있어도 생각은 제대로 정리되었다고 한다. 문제를 해결하기 위해 사용하는 프레임은 어디까지나 수단에 불과하다. 행동으로 연결되어야 한다.

● 고객 분류 프레임

얼른 보면 객관적으로 보이는 프레임이라도 반드시 작성자의 관점이 들어간다. '고객 분류 프레임'을 보자. 혁신적 제품이 시장에 나오면 일찍 구입하는 고객도 있고, 끝까지 구입하지 않는 고객도 있다. 기업은 고객이 제품을 구입하는 시기를 시간에 따른 정규분포로 나타낸다. 정규분포의 최초 2.5퍼센트를 혁신가인 이노베이터innovator라고 부른다. 이노베이터는 모험심이 강하고 위험을 감수한다. 다음의 13.5퍼센트를 초기 사용자인 얼리 어답터early adopter라고 부른다. 타인의 구매에 영향을 미치는 오피니언 리더가 많다. 이어서 34퍼센트를 이른 추격자인 얼리 마조리티early majority라고 하며 다음에 오는 34퍼세트를 늦은 추격자인 레이트 마조리티late majority라고 한다. 마지막 16퍼센트를 지체자인 라가드Jaggard라고 부른다.

각 분류에 속하는 고객을 부르는 명칭은 기업의 관점에서 정했다. 신제품을 판매할 때 고객이 빨리 구입해 줄수록 기업은 쾌재를 부른다. 그래서 가장 먼저 구입하는 고객에게 혁신가라는 멋진 칭호를 부여한다. 특정한 제품을 빨리 구입하면 혁신가고, 늦게 구입하면 혁신가가 아니라는 논리는 고객 입장에서는 납득하기 어렵다. 고객 입장에서는 혁신가가 아니라 너무 성급한 사람이라고 부를 수 있다. 아직 충분하게 검증되지도 않은 제품을 덥석 구매하기 때문이다.

고객 분류 프레임에는 한계도 있다. 첫째, 한계 보급률의 설정이 어렵다. 모든 사람이 제품을 구입하지는 않는다. 구입하지 않는 사람을 제외하고 정규분포를 만들어야 하는데 이게 어렵다. 둘째, 현재 어느 분류에 속하는 고객이 구입하고 있는지는 시간이 지나야 알 수 있다.

프레임은 양날의 검이다. 목적에 맞는 프레임을 사용하면 생각의 효율이 올라가고 적절한 결과를 만들 수 있다. 그러나 잘못 사용하면 편견을 갖게 되고 생각이 고착될 수 있다. 프레임을 사용하는 사람이 자신의 관점을 가지고 있지 않으면 실패할 수 있다. 프레임에는 효과와 위험이 공존한다.

같은 프레임이라도 얼마든지 다르게 사용할 수 있다. 'SWOT 분석'은 현상을 장점Strength, 단점Weakness, 기회Opportunity, 위협Threat의 네 가지 관점에서 분석하고 효과적인 전략을 세우기 위한 프레임이다. 막상 내용을 작성하려면 망설여진다. 같은 내용을 어디에도 쓸 수 있기 때문이다. 사원이 만 명 있다는 사실은 경쟁 상대에 따라 강점도 되고 약점도 된다. 기업이 보유한 설비를 기회로도 위협으로도 볼 수 있다. 같은 기업이라도 종류가 다른 상품을 개발할 때는 SWOT 분석의 내용이 다르다. SWOT 분석은 객관적으로 보이지만 작성하는 사람에 따라 내용이 달라진다. 이런 이유로 전략을 먼저 정한 후에 이 프레임을 사용하는 경우가 많다.

4단계: 시간이 지나도 여전히 유효한 프레임인지 확인한다

'AIDMA 프레임'이 있다. 고객이 상품을 인식하고 구매하기까지의 단계를 주의Attention, 관심Interest, 욕구Desire, 기억Memory, 구매Action의 다섯 단계로 보여주는 프레임이다. 고객은 상품을 인식하고 흥미를 느낀다. 욕구가 생기고 상품을 기억했다가 나중에 구입한다. 단계별로 기업은 광고하거나 판매 활동을 한다. 그러나 인터넷이 보급되면서 이제는 고객이 AIDMA의 단계를 따르지 않는다. 고객은 구매할 때마다 이 단계를 순서대로 밟지 않는다. 인터넷에서 고객 리뷰를 먼저 보고 전혀 다른 종류의 상품과 비교하는 경우도 있다. 고객의 구매 과정은 사람마다 다르고 상품마다 다르다. 이제는 AIDMA처럼 모든 사람들이 비슷한 단계를 거치는 시대가 아니다.

하지만 고객의 구매 행동을 분석하는 프레임은 여전히 필요하기 때문에 새로운 프레임이 여러 개 등장했다. 광고기업인 덴츠가 제안한 'AISAS 프레임'도 그중 하나다. AISAS는 주의 Attention, 관심Interest, 검색Search, 구매Action, 정보 공유Share의 다섯 단계로 고객 행동을 분석한다. 상품을 인식하고 관심을 가지는 단계까지는 AIDMA와 동일하다. 그러나 고객이 검색하고 구매한 후에 정보를 공유하는 단계로 변했다. 덴츠는 이 프레임의 이름을 상표 등록했다. 당신도 프레임을 만들고 이름을 붙여서 상표 등록할 수 있다.

● **서비스 도미넌트 로직**

시간이 가면서 효과가 떨어지는 프레임이 있다면 지금부터 더욱 중요해질 프레임도 있다. '서비스 도미넌트 로직Service Dominant Logic'도 그중 하나다. 제조업이나 서비스업이나 고객에게 제공하는 본질은 서비스다. 수단으로서 상품이 있으면 제조업이고, 상품이 없으면 서비스업이다. 상품을 중심에 두고 서비스는 상품의 일종이라고 여기는 '굿즈 도미넌트 로직Goods Dominant Logic'과는 정반대 개념이다. 서비스 도미넌트 로직이 개념만으로 끝나지 않으려면 서비스를 중심에 놓고 사업을 설계한다. 제조업은 서비스업에서 배우고, 서비스업은 제조업에서 배워야 한다.

● **제품 수명 주기**

'제품 수명 주기'는 제품이 시장에 등장하고 진부화해서 퇴출될 때까지 일생을 나타낸다. 순서에 따라 도입기, 성장기, 성숙기, 쇠퇴기라고 부른다. 도입기는 제품이 시장에 도입된 시기다. 고객이 제품을 인식하게 만들어야 한다. 성장기는 제품이 급속히 시장에 침투하고 매출도 순조롭게 증가하는 시기다. 참가 기업도 늘어나고 이익도 나오는 시기이므로 시장 침투와 브랜드 선호를 높여야 한다. 성숙기는 판매 성장이 멈추고 한정된 시장의 쟁탈전이 된다. 차별화로 시장 점유율을 지켜야 한다. 쇠퇴기는 수요가 감소하고 매출도 줄어들며 이익도 감소한다. 시장은 성장기인데 자사로서는 신제품이라는 이유로 도입기의 전략을 채택하면 안 된다. 제품 수명 주기는 자사 제품이 아니라 시장을 생각한다.

제품 수명 주기는 시간의 흐름에 따른 프레임이지만 막상 사용하려면 시점을 알기 어렵다. 지금 팔리고 있는 제품은 수명 주기의 어느 단계에 해당할까? 전략을 만들려면 반드시 대답해야 하는 필수 질문이다. 이 질문에 대답하려면 시간이 필요하다. 아래의 그림에서 현재 시점이 A, B, C의 어

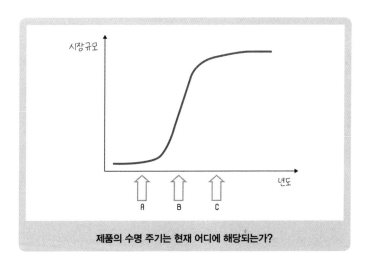

제품의 수명 주기는 현재 어디에 해당되는가?

3장. 미라클 씽킹, 창조적 생각의 조화를 만든다

디에 해당하는지 지금은 모른다. 단지 추측할 뿐이다. 시간이 충분히 지난 후에 되돌아보아야 답이 나온다.

내 문제에 맞는 나의 프레임을 만든다

세상에는 유명한 프레임이 많지만, 그 어떤 프레임이라도 나의 문세를 완벽하게 해결해 주지는 못한다. 나의 문제를 해결하려면 나의 프레임을 만들어야 한다. 프레임을 만들려면 먼저 문제를 정의하고 목적을 분명하게 정한다. 프레임은 크게 두 가지 종류로 구분된다.

첫째, 생각의 큰 덩어리를 나누고 분류하는 프레임

프레임을 만들 때에는 'MECE Mutually Exclusive and Collectively Exhaustive 법칙'에 따라 생각이 하나라도 빠지면 안 되고 중복되어도 안 된다. 분류가 이상하면 MECE가 되어 있지 않다고 말한다. 현실적으로 100퍼센트 MECE는 어렵기 때문에 중요한 80퍼센트를 놓치지 않아야 한다.

목표는 'SMART Specific, Measurable, Achievable, Realistic, Time-related

법칙'에 따라 정한다. 목표를 효과적으로 달성하고 목표 도달 정도를 판단하기 위해서 만든 다섯 가지 기준이다. 목표는 구체적이고, 측정할 수 있으며, 성취할 수 있어야 하며, 현실적이고 기한이 있어야 한다.

생각을 분류하는 프레임을 만들려면 이미 있는 프레임을 참고로 한다. 예를 들어 '4P 분석'은 마케팅을 상품Product, 가격Price, 판촉Promotion, 유통Place의 관점으로 분석한다.

'파이브 포스5 Forces 분석'은 업계 전체를 대상으로 경쟁업체, 고객, 공급업체, 신규 진입업체, 대체품 등 다섯 개 요소를 자사의 위협으로 간주한다. 고객이 자사의 상품에서 다른 경쟁이나 대체품으로 갈아타는 리스크, 공급업체가 가격을 올리면 이익이 떨어지는 리스크 등 전체 위협을 정리한다.

'STP 분석'은 마케팅을 시장 세분화Segmentation, 시장 결정Targeting, 자사의 위치Positioning의 관점으로 분석한다.

'포지셔닝'은 상품이나 고객의 위치를 분류하고 경쟁자가 거의 없는 시장에 자사 제품이 진입하는 프레임이다. 경쟁 제품과 자사 제품을 비교해서 어떤 특징이 있는지 판단한다.

둘째, 생각의 흐름에 따라 순서를 정하는 프레임

'PDCA 사이클'은 관리를 계획Plan, 실행Do, 평가Check, 개선Action 의 사이클이라고 간주한다. 사이클을 순차적으로 돌리고 반복 한다.

'밸류 체인'은 기업의 활동을 분해해서 경쟁우위의 원천을 분석하기 위해 주요 활동과 지원 활동으로 구분한다. 업계에 는 소재처럼 상류 부분을 담당하는 기업과 유통처럼 하류 부 분을 담당하는 기업이 있다. 업계 상류에서 하류까지 모든 기 업을 나열한 것을 밸류 체인이라고 한다. 밸류 체인 분석은 기 업이 수행하는 활동 중에서 어느 부분이 가치를 창출하고 있 는지 검토하는데 유효하다. 가치는 구매자가 제품에 지불하는 금액으로 측정한다.

지식의 흐름을 이해하는 '지식 사이클' 프레임

'지식 사이클'은 지식을 얻고 활용하는 과정을 분석하는 프레 임이다. 구조화, 재구축, 유통, 활성화로 이어지는 지식 사이클 은 연속적으로 돌아간다.

1단계: 구조화

다양한 지식을 수집하고 분류한다. 지식을 얻으려면 먼저 자료를 수집한다. 특별한 주제가 없어도 광범위하게 자료를 모을 수 있다. 도서관에 여러 주제의 책이 있는 모습을 생각하면 된다. 자료가 많이 모이면 분류한다. 학생이 학년에 맞추어 배워야 할 내용을 분류하면 교과서가 된다. 많은 단어를 모은 후에 가나다순으로 분류하면 국어사전이다.

인터넷이 등장하기 전에는 자료를 수집하는 시간이 길었다. 문제가 생기면 서점에 가서 서적을 여러 권 구입하기도 했다. 인터넷으로 인해 자료를 수집하는 시간은 점점 짧아지고 있다. 자료가 거의 없고 구하기도 어렵던 시대에는 자료가 어디 있는지 아는 게 중요했다. 그러나 이제는 인터넷에 자료가 너무 많아서 오히려 수집하고 분류하기 어려운 시대가 되었다.

이렇게 많은 자료 중에서 어떤 자료를 수집할지가 문제가 된다. 가장 큰 기준은 신뢰다. 자료를 작성한 사람이나 조직을 신뢰해야 그 자료를 수집한다. 신뢰할 수 있는 사람이나 조직이 만든 자료만 수집한다. 과거에서 현재까지 받아 온 평가의 누적은 평판이라고 한다. 평판이 좋다고 해도 미래에는 변할 수 있다. 신뢰는 미래에도 여전히 높은 평판을 유지한다고 믿는 마음이다.

　방대한 지식을 대상으로 하는 구조화는 주로 공공기관에서 많이 한다. 방대한 자료를 수집하고 분류한다. 구조화는 시간도 많이 필요하고 비용도 많이 들기 때문에 개인이 하기 어렵다. 개인이나 기업은 공공기관에서 구조화한 결과를 지식 인프라로 이용한다.

2단계: 재구축

목적에 맞는 지식을 검색해서 찾는다. 이 과정에서 자료와 자료의 관련을 새롭게 정의한다. 자료를 찾는 목적과 관점이 정해지지 않으면 어떤 자료를 검색해야 할지 모른다. 같은 교과서를 보면서도 시험을 준비하는 학생과 시험문제를 출제하는 교수는 밑줄 긋는 부분이 다르다. 문장에 밑줄을 그으려면 반드시 목적과 관점이 있어야 한다.

　학교에서는 일반적으로 구조화에 기반한 교육을 한다. 만약 학교에서 전 학년에 걸쳐 배우는 교과서를 하나로 모은 후에 학년과 과목에 상관없이 개인의 수준에 맞추어 내용을 선택적으로 가르친다면 이는 재구축이다.

　병원 응급실에서는 재구축이 필요하다. 의과대학에서는 질

환이나 상처를 내과나 외과라는 과목으로 구조화해서 가르친
다. 응급실에 환자가 오면 의사는 이 환자에게 필요한 의학지
식만 검색하고 재구축한다.

3단계: 유통

책이나 보고서로 만들거나 자료를 만들어 발표하는 것을 지식
의 유통이라고 한다. 유통하려면 단위와 수단을 정해야 한다.
지식 단위는 책 한 권이나 보고서 세트를 말한다. 유통 수단은
종이나 전자파일을 말한다.

4단계: 활성화

보고서를 읽은 고객이 보고서를 기반으로 판단하여 투자한다
면 이는 활성화다. 지식을 활용해서 목적을 달성하고 새로운
지식을 발견한다. 그 결과는 다시 구조화에 반영한다. 자료를
모아 구조화를 한 후에 필요한 자료만 검색해서 재구축을 한
다. 자료를 분석해서 기획서를 제출했다면 지식의 유통까지
진행한 셈이다. 기획서대로 사업을 진행한다면 지식은 활성화
되었다. 뉴스를 보면서 새로운 사실을 발견해도 활성화고, 책
을 읽으면서 사업 기회를 발견해도 활성화다. 구조화에서 시

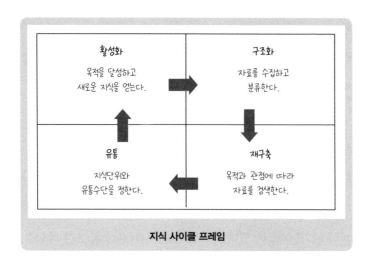

지식 사이클 프레임

작해서 재구축과 유통을 거쳐 활성화로 진행한다. 모든 과정을 연속으로 진행하지만 경우에 따라서는 일부 과정만 진행하기도 한다.

비즈니스 캐주얼의 '바이큐우 코디'

일상에 적용 가능한 프레임도 있다. '바이큐우BYIQW 코디'는 비즈니스 캐주얼을 어떻게 코디하는지 색깔로 구분하는 프레임이다. 옷을 입을 때는 명암도 중요하고 어떤 소재를 썼는지도 중요하다. 입은 후에 겉으로 드러나는 실루엣도 중요하다. 액세서리도 빠질 수 없다. 하지만 가장 중요한 요소인 색깔을 기준으로 다섯 가지 타입으로 구분한다.

- **B코디**

  훌륭한Brilliant 코디다. 상체와 하체가 명확하게 대비되는 반대 색깔이다. B코디는 가장 간단한 타입이다. 재킷이 어두운색이면 팬츠는 최대한 밝은 색깔을 입는다. 감색 재킷에 밝은 회색 슬랙스를 입으면 청결한 느낌을 준다. 재킷을 밝은색으로 하고 팬츠를 어두운색으로 해도 좋다. 재킷과 이너는 비슷한 색이지만 팬츠는 반대색이다. 상체나 하체 중에서 하나는 밝은색으로 하고 하나는 어두운색으로 한다. 재킷과 이너를 밝은색으로 하고 팬츠를 어두운색으로 하면 차분한 느낌이 든다. 재킷과 이너가 어두운색이고 팬츠가 밝은색이면 어른스러운 느낌을 준다.

- **Y코디**

  젊은Young 코디다. 재킷과 팬츠는 비슷한 색이고 이너는 반대색이다. 짙은 감색 정장에 하얀색 셔츠를 입은 모습이 대표적이다. 재킷과 팬츠가 밝은색이면 이너는 어두운색을 한다. 재킷과 팬츠가 어두운색이면 이너는 밝은색으로 한다. 코디에 포인트를 주는 요소는 이너의 색깔이다. 이너에 빨간색이나 보라색을 사용하면 느낌이 강렬하다.

- ## I코디

  지능적인Intelligent 코디다. 이너와 팬츠가 비슷한 색이고 재킷이 반대색이다. 이너와 팬츠로 이어지는 직선을 강조하기 때문에 키가 커 보이는 효과가 있다. I코디는 재킷을 강조한다. 이너와 팬츠가 어두운색이고 재킷이 밝은색이라면 화사한 느낌을 강조한다. 재킷이 밝은 회색, 하늘색, 하얀색, 베이지색이면 매우 화사하다. 재킷이 어두운 감색, 검정색, 짙은 회색이면 무게감을 강조한다.

- ## Q코디

  빨리 코디할 수 있는 퀵Quick 코디다. 기본색을 정하고 모든 아이템을 기본색과 비슷한 색깔로 통일한다. 전신을 비슷한 색으로 감싸지만 모두 같은 색은 아니다. 전신을 빨간색으로 감싼다고 해도 재킷, 이너, 팬츠는 색깔이 조금씩 다르

B코디	Y코디	I코디	Q코디	W코디

비즈니스 캐주얼의 바이큐우 코디

면서 전체로는 빨간색 느낌을 준다. 전신을 밝은색으로 하면 부드럽고 편안한 느낌을 준다. 검은색을 사용하더라도 회색을 부분적으로 섞으면 무거운 느낌은 줄어든다. 쉬워보이지만 아무나 쉽게 하지 못하는 고급 수준 코디다.

● **W코디**

놀라서 탄성을 지르는 와우wow 코디다. 모든 아이템의 색깔이 다르지만 서로 절묘하게 조화를 이룬다. 칠면조 패션이나 신호등 패션이 되어 우스운 꼴이 될 수 있다. 실패하면 시선을 집중할 포인트를 찾기 어렵다. 옷차림은 3색 이내로 하라는 조언도 있듯이 너무 많은 종류의 색깔을 사용하면

정신이 산만하다. 의도적으로 다양한 색깔을 사용해서 총
천연색 코디를 한다. 가장 화려한 패션이다.

미라클 씽킹

다양한 프레임을 활용해
생각의 줄기를 만들라

프레임을 사용하면 생각을 빨리 시작할 수 있다.
프레임의 한계는 프레임으로 극복한다.
생각의 줏대가 있으려면 나의 프레임을 만들어
세상을 나의 방식으로 본다.

11 매트릭스, 창조적 생각 정리의 기술

잘하는 일과 좋아하는 일이 다르다면 어떤 일을 직업으로 하면 좋을까? 답을 구하기 위해 사분법을 작성해보자. 가로축에는 실력을 둔다. 실력이 있어 '잘하는 경우'와 '못하는 경우'로 구분한다. 세로축에는 감정을 두고 '좋아한다'와 '싫어한다'고 구분한다. 잘하고 좋아하는 일을 직업으로 선택하면 좋다. 잘하지만 싫어하는 일이라면 가끔 하는 아르바이트 정도면 된다. 못하지만 좋아하는 일을 직업으로 하려면 실력을 쌓아야 한다. 못하고 싫어하는 일이라면 처다보지도 않는다.

사분법으로 생각해도 직업 선택에는 무리가 없는 듯이 보인다. 하지만 네 가지 구분만으로는 부족한 점이 있다. 미래의 직업은 아직 경험하지 못했다. 해 본 적이 없으면 좋아하는지 싫어하는지 모른다. 그래서 감정에는 '모르겠다'라는 새로운 구분이 추가로 필요하다.[1] 실력은 있는데 좋아하는지 모르겠으면 우선 단기계약으로 일해보고 직업으로 선택해도 좋을지 판단한다. 실력도 없고 감정도 모르겠으면 직접 체험하고 시간이 지난 후에 판단한다.

직업 선택		실력	
		잘한다	못한다
감정	좋아한다	실력도 있고 좋아하는 일이므로 직업으로 선택하면 좋다.	직업으로 선택하려면 먼저 실력을 쌓아야 한다.
	모르겠다	단기계약으로 일해보고 직업으로 선택해도 좋을지 판단한다.	실력도 없고 감정도 모르니 직접 체험하고 시간이 지난 후에 판단한다.
	싫어한다	자격증이나 증명서가 필요한 아르바이트를 가끔 한다.	깨끗하게 잊어버리고 다른 직업을 선택한다.

생각을 일목요연하게 구분하는 매트릭스

생각을 정리하려면 매트릭스가 유용하다. 매트릭스 크기는 이론적으로는 한계가 없다. 세로축과 가로축에 각각 1억 개의 요소가 있는 매트릭스도 사용할 수 있다. 이렇게 큰 매트릭스는 그림으로 그려서 볼 수는 없고 컴퓨터로 계산해서 사용한다. 사람이 이해하려면 종이에 인쇄해서 볼 수 있는 정도의 매트릭스를 만드는 수준이다.

생각을 정리하는 목적이라면 2×2 매트릭스가 가장 간단하다. 조직에서 가장 많이 사용하는 매트릭스는 2×2다. 2×2 매트릭스는 세로축과 가로축에 들어가는 요소가 각각 두 개이기 때문에 생각을 분류하기 어려운 경우도 있다. 이런 경우에는 2×3 매트릭스를 사용한다. 3×3 매트릭스는 추천하지 않는다. 3×3 매트릭스를 만들면 생각을 아홉 개로 분류해야 하는데 실제로 작성해보면 너무 많다. 생각을 균등하게 분류하기가 어렵다.

매트릭스를 만드는 작업 중에서 가장 중요한 과정은 세로축과 가로축에 들어가는 요소를 결정하는 문제다. 요소가 너무 큰 수준이면 대답이 애매하다. 요소가 너무 작고 구체적인 수준이면 요소를 너무 많이 적어야 한다. 매트릭스의 각 셀에 기입하는 내용이 중복되거나 빠지면 안 된다. 매트릭스를 사용할 때에는 2단계로 나누어서 하는 게 좋다. 처음에는 요소를 큰 수준으로 해서 작업을 한다. 상세하게 분석할 필요가 있는

2×2	2×3	3×3

생각을 정리하는 매트릭스 형태

부분만 떼어 2단계 작업을 한다.

숫자를 기입하는 경우에는 단위에 주의한다. 숫자를 입력할 때 실수가 많이 발생한다. 금액 단위를 백만 원이라고 하면서 실제 입력하는 데이터는 1원 단위로 할 수도 있다. 기업 재무 데이터에서도 발견되는 실수다. 숫자를 기입하는 경우에는 지정한 기준보다 높으면 셀의 색깔을 바꾸면 숫자를 보지 않아도 데이터 분포의 특징을 쉽게 분석할 수 있다. 이를 히트맵이라고 한다.

생각을 많이 하면 같은 생각을 계속하게 된다. 어떤 생각은 끝까지 빠뜨리고 아예 생각하지 않는다. 생각을 하지만 생각이 조화롭게 진행되지는 않는다. 대부분 어느 한쪽으로 몰려 있다. 내가 어떤 생각에 집중하고 어떤 생각을 놓치고 있는지 알고 싶다면 생각을 일목요연하게 정리해야 한다. 아무리 많

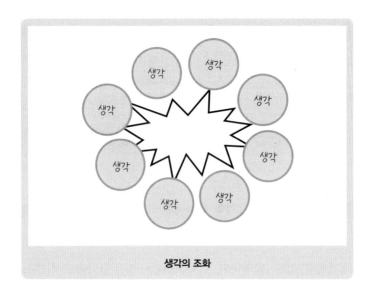

생각의 조화

이 생각해도 제대로 정리하지 못하면 생각을 사용하지 못한다. 매트릭스를 사용하면 무엇을 알고 무엇을 모르는지 파악할 수 있다. 매트릭스에 숫자를 기입하면 알거나 모르는 내용을 명확하게 구분할 수 있다. 빠지거나 중복된 생각을 찾아 보완하고 조화를 이룬다.

우리 조직의 컨설팅을 진짜 전문가에게 맡기려면?

가령 우리 조직에서 인사 업무에 인공지능을 적용해서 효율을 올리기로 했다고 하자. 인사 업무는 사람을 대상으로 하기 때문에 규칙을 정하고 그대로 진행하기 어렵다. 항상 예외가 생기기 마련이다. 구체적으로 어느 업무에 어떤 기술을 사용하면 좋을지 알고 싶어서 전문가 회의를 하기로 했다. 우리 조직에는 인공지능 전문가가 없으니 외부에서 전문가를 초빙해야 한다.

가장 먼저 해야 할 일은 전문가를 찾는 일이다. 우리 조직의 요구에 대답할 수 있는 사람은 인공지능 전문가인가 혹은 인사 전문가인가? 인공지능 전문가라면 구체적으로 어떤 기술을 잘 아는 사람일까? 인공지능이라고 해도 세부 기술이 워낙 많으니 모든 기술을 꿰뚫고 있는 사람은 찾기 어렵다. 회의에서 논의할 주제가 클수록 회의에 딱 맞는 전문가를 찾기 어렵다.

이런 경우에는 회의를 하기 전에 전문가 후보에게 매트릭스를 미리 배포하고 셀에 숫자를 적어 달라고 한다. 요소 X와 요소 Y의 관계가 강하면 5를 적고 관계가 전혀 없으면 1이라고 한다. 자연어 처리 기술과 입사 지원 업무가 관계가 강하다고 생각하면 5를 적는 식이다. 잘 모르겠으면 아무 숫자도 적지

	요소 X
요소 Y	

말라고 한다.

후보들이 작성한 매트릭스를 회수해서 내용을 확인한다. 아래의 매트릭스에서 A, B, C, D, E, F, G는 매트릭스를 작성한 사람이다. 기입한 숫자로는 5가 하나, 4가 하나, 3이 둘, 1이 하나고 빈칸은 두 개 있다. 숫자 중에서 가장 큰 최대치와 가장 작은 최소치를 확인한다. 가장 많이 등장한 숫자를 확인한다. 참가자들이 적은 숫자는 평균치를 내지 않는다. 최소 1에서 최대 5까지 숫자를 적으니 평균은 1에서 5 사이에 위치한다. 평균치를 계산하니 3.7이라면서 3.6보다 높게 나왔다는 식으로 평가하지 않는다. 이 경우 평균은 큰 의미 없다.

최대치와 최소치를 적은 이유를 작성자에게 물어서 확인한다. 숫자를 적어 달라고 요청하는 이유는 최대치와 최소치의 이유를 듣기 위해서다. 이론이나 법규처럼 근거가 명확한 경

작성자	A	B	C	D	E	F	G	최대치	최소치	최다치
기입한 숫자	5	3		3	4	1		5	1	3

우도 있지만 그렇지 않은 경우도 많다. 근거가 없는데 최대치나 최소치를 적은 사람은 암묵지 때문이다. 확실하게 근거를 제시하기는 어렵지만 경험이나 느낌을 토대로 숫자를 적을 수 있다. 암묵지를 끄집어내면 새로운 발견이 있을 수 있다.

작성자 A는 최대치를 부여했는데 이유를 들어보니 기술 진화 때문이라고 말한다. 지금은 불가능하지만 t1 기술이 개발되면 가능해진다고 보기 때문이다. A의 생각을 활용하려면 기술 로드맵을 정기적으로 확인해야 한다. 기술이 개발되더라도 시기가 어긋나면 사용하기 어렵다.

똑같은 요소를 보면서 작성자 F는 최소치를 주었다. 이유를 들어보니 그는 앞으로 해당 방식은 완전히 변하고 사라진다고 보고 있다. 세상의 큰 흐름이 변하면 현재의 방식은 얼마든지 사라질 수 있다. F의 생각을 활용하려면 세상이 어떻게 변하는지 동향을 계속 파악해야 한다.

평가 숫자	작성자	이유	평가
최대치	A	지금은 불가능하지만 t1 기술이 개발되면 가능해진다.	기술 로드맵을 정기적으로 확인한다.
최소치	F	방식이 완전히 변하고 사라질 전망이다.	세상이 변하는 동향을 정기적으로 파악한다.

전문가라고 불리는 사람에는 여러 종류가 있다. 한 가지 일을 오랫동안 한 사람 중에 전문가가 있다. 냉장고 설계를 20년 했으면 냉장고 전문가다. 하지만 냉장고 운반을 20년 했다고 냉장고 전문가라고 하지는 않는다. 이 사람은 운반 전문가다. 오랫동안 일을 하면 전문가이긴 한데 어느 분야의 전문가인지는 구별해야 한다. 학교에서 12년 동안 가르쳤다면 교육 전문가다. 12년 동안 학교를 다닌 학생은 피교육 전문가다. 어떤 분야의 전문가인지 확실하게 구분해야 한다. 박사학위를 받은 사람 중에 전문가가 있다. 스프링의 탄성을 연구해서 박사학위를 받은 사람이 있다고 하자. 이 사람을 스프링 전문가라 해도 손색이 없다. 그러나 기계 전문가라고 하거나 공학 전문가라고 하면 어색할 수 있다. 전문가는 매우 좁은 범위에서 매우 깊이 알고 있는 사람이다.

전문가라는 용어에는 편견이 있다. 전문가는 무엇이나 알고 있다고 믿는 마음이다. 법률가라고 해서 모든 법을 다 알지는 못한다. 오히려 잘 아는 법보다 잘 모르는 법이 더 많을 정도다. 도서관장이라고 해서 그 도서관의 책을 모두 다 읽지는 못한다. 경제 전문가라고 해서 경제의 모든 내용을 알 리가 없고 항공 전문가라고 해서 항공에 관한 내용을 다 알 수는 없다.

환경에 관한 내용이라면 무엇이든 물어보라는 환경 전문가가 있다면 신뢰하기 어렵다.

전문가라고 불리는 사람이 말한다고 해서 맹목적으로 그대로 받아들이면 위험하다. 전부 알고 있는 사람도 없고, 알고 있는 사실을 전부 말하는 사람도 없다. 전문가라면서 학력이나 경력을 앞세우는 사람은 의심해야 한다. 자신이 소속된 조직이나 직위를 강조하며 권위를 내세우는 사람도 의심한다. 어려운 용어로 어렵게 설명하는 사람도 의심한다. 영어 약어를 많이 사용하는 사람은 구체적인 내용을 설명하지 못한다. 정말 많이 아는 사람은 쉽게 설명한다.

'업무 개선 매트릭스'를 활용해서 전문가를 판별하다

'업무 개선 매트릭스'는 어떤 업무에 어떤 기술을 사용하면 개선될지 예상하는 매트릭스다. 모든 기업에는 인사 업무가 있다. 인사 업무에 사용하는 앱을 개발하기로 한 기업이 있다고 하자. 기술을 도입해서 큰 효과를 볼 수 있는 업무라면 앱을 구입할 고객이 많다고 예상한다. 업무와 기술의 관계를 파악해서 관계가 클수록 사업 기회도 크다고 본다. 그러나 아무리 모든 기업에 있는 인사 업무라 해도 모든 업무에 모든 기술을 도입할 수는 없다. 이런 이유로, 어느 업무에 어느 기술을 도입하면 좋을지 조사하기로 했다.

1단계: 업무를 구분한다

업무는 작게 구분할 수도 있지만 너무 작으면 의미가 없다. 기술을 도입해서 사라지는 업무도 있고 방법이 바뀌는 업무도 있기 때문이다. 구분한 업무는 다음과 같다. 채용, 평가, 승진, 해고, 발령, 급여, 복지, 교육, 안전, 노무, 계약, 퇴사, 휴직, 전근, 상여, 연수, 고과, 배치, 보상, 평가.

2단계: 기술을 구분한다

인공지능이나 블록체인처럼 기술 전체를 지칭하는 수준으로 정할 수도 있고, 인공지능을 상세하게 구분해서 자연어 처리나 안면 인식처럼 정할 수도 있다. 인사 업무용 앱은 인공지능 기술을 핵심 기술로 사용하기 때문에 특허청에서 인공지능을 네 가지 기술로 분류한 기준을 사용할 수 있다.[2] 학습 및 추론, 언어처리 기반 인공지능, 시각처리 기반 인공지능, 상황인식

기반 인공지능이다.

226쪽의 매트릭스에 숫자를 적어달라고 인사 전문가와 인공지능 전문가에게 배포한다. 매트릭스에서 영어 알파벳은 인공지능 기술을 나타낸다. 인사 전문가는 인사의 어느 업무를 어떻게 개선하고 싶은지 잘 알고 있다. 인공지능 전문가는 기술의 특징과 한계를 잘 알고 있다. 인사 업무와 인공지능 기술을 모두 잘 아는 사람이 있으면 좋겠지만 그런 사람은 없다. 두 부류의 전문가에게 매트릭스를 배포하고 결과물을 활용한다. 매트릭스의 각 셀에는 1에서 5까지 숫자를 하나만 적는다.

매트릭스를 회수해서 전문가들이 셀에 어떤 숫자를 많이 적었는지 확인한다. 3을 적으면 모든 업무와 모든 기술에 답이 될 수 있다. 어떤 기술을 사용하건 업무가 개선될 여지는 있기 때문이다.

매트릭스에 1과 5가 하나도 없다면 전문가라 하기 어렵다. 업무를 전혀 모르거나 기술을 전혀 모르는 사람이다. 잘 모르면 적당하게 3을 적기 마련이다. 이런 사람과 의논하면 어려운 단어를 사용하면서 두리뭉실 말한다. 이 사람이 작성한 매트릭스는 사용하지 않는다.

내용을 잘 아는 사람은 확실하게 알고 있는 내용에는 1이나

업무＼기술	A	B	C	D	E	F	G	H	I	J	K	L	M
채용													
평가													
승진													
해고													
발령													
급여													
복지													
교육													
안전													
노무													
계약													
퇴사													
휴직													
전근													
상여													
연수													
고과													
배치													
보상													
평가													

인사 업무 앱 개발 시 업무와 기술의 관계 매트릭스

5 = 기술을 사용하면 업무가 크게 개선된다.

4 = 기술을 사용하면 업무가 약간 개선된다.

3 = 기술을 사용하면 업무가 개선될 여지가 있다.

2 = 기술을 사용해도 업무가 개선될 여지가 적다.

1 = 기술을 사용해도 업무가 개선되지 않는다.

5를 적는다. 이들이 적은 매트릭스에는 빈칸이 많다. 설명이 약하거나 근거가 애매하면 숫자를 적지 않고 빈칸으로 놔두기 때문이다. 빈칸에는 두 가지 형태가 있다. 매트릭스 전체에 걸쳐 빈칸이 불규칙하게 있거나 빈칸이 명확하게 구분된다. 자신이 알고 있는 내용과 모르는 내용을 명확하게 구분한다. 이런 사람이 진짜 전문가다. 깊은 지식을 가진 사람이라면 당연히 자신이 아는 내용과 모르는 내용을 구분할 수 있다. '업무 개선 매트릭스'는 누가 전문가인지 판별하는 효과도 있다.

얼마나 많이 알고 있는지 진단하려면?

공부하고 있는 내용을 얼마나 많이 알고 있는지 '지식 진단'을 한다. 방법은 간단하다. 공부하는 내용 중에서 중요한 키워드를 나열한다. "기술혁신은 기업에게 새로운 사업 기회를 제공할 뿐만 아니라 조직을 완전히 새롭게 변화시킨다"는 문장이 있다고 하자. 이 문장에서 명사를 중심으로 키워드를 뽑는다. '기술혁신, 기업, 사업 기회, 조직변화'다. 나는 각 키워드에 대해 얼마나 깊이 알고 있을까? 다섯 단계로 나누어 평가한다.

수준＼키워드	기술혁신	기업	사업 기회	조직변화
1				
2				
3				V
4	V		V	
5		V		

지식 진단 매트릭스

5 = 키워드를 깊은 수준으로 10분 이상 설명할 수 있다.

4 = 키워드를 개념 정도만 3분 이내로 설명할 수 있다.

3 = 키워드를 어느 정도 알지만 남에게 설명할 정도는 아니다.

2 = 키워드를 어렴풋이 들은 적이 있다.

1 = 키워드를 모른다.

각각의 키워드는 설명할 수 있지만 문장의 의미를 깊이 설명하지 못하는 경우도 있다. 키워드와 키워드 간의 관련을 모르기 때문이다.

229쪽의 매트릭스는 키워드에서 키워드를 향하는 관계를 얼마나 알고 있는지 숫자를 적은 경우다. 여기서 '기술혁신 → 기술혁신'은 기술혁신이 어떻게 새로운 기술혁신으로 이어지는지를 묻는 질문이다. 이 질문에 4라고 대답한다면 개념 정도만 3분 이내로 설명할 수 있다는 의미다.

키워드 \ 키워드	→ 기술혁신	→ 기업	→ 사업 기회	→ 조직변화
기술혁신 →	4	4	5	4
기업 →	5	4	3	3
사업 기회 →	3	3	5	3
조직변화 →	4	5	4	5

키워드 간의 관계를 얼마나 알고 있는가?

3장. 미라클 씽킹, 창조적 생각의 조화를 만든다

생각을 정리하는 데는
매트릭스가 유용하다

생각이 복잡하면 일단 매트릭스를 만든다.
세로축과 가로축에 들어가는 요소를 바꾸어가면서 매트릭스를 채운다.
요소가 정해지고 매트릭스가 완성되면 생각은 깔끔하게 정리된다.

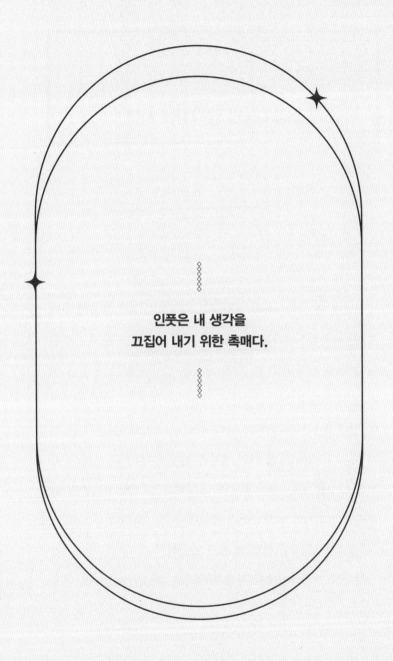

인풋은 내 생각을
끄집어 내기 위한 촉매다.

인공지능만 생각하는 시대

당신에게 열 살 된 아이가 있다고 가정하자. 조용하길래 쳐다보니 아이는 충전기를 콘센트에 절반 정도 꽂고 플러그 부위에 동전을 갖다 대려고 한다. 당신은 즉시 말렸다. 동전을 전기 콘센트 플러그에 삽입하면 감전되어 죽을 수 있기 때문이다. 화재가 발생할 위험도 있다. 아이는 전기가 얼마나 위험한지 모른다. 아이는 왜 이런 행동을 했을까? 사연은 이렇다. 아이는 뭐 재미있는 일이 없을까 궁금했다. 그래서 아마존의 인공지능 스피커인 알렉사에게 물었다.

"알렉사, 내가 할 만한 게 뭐가 있을까?"

알렉사는 인터넷에서 검색한 결과를 바탕으로 동전을 콘센트에 삽입하는 놀이인 '페니 챌린지'를 추천했다.[1] 인공지능은 페니 챌린지를 아이가 해 볼 만한 도전이라고 생각했다. 당신은 페니 챌린지를 위험하다고 생각하고 아이를 말렸다.

사람의 생각과 인공지능의 생각은 서로 다르다. 인공지능은 아직 상식이 부족하다. 전기가 위험하다는 사실은 상식이 있다면 쉽게 생각할 수 있다. 다행히 아이는 당신의 말을 듣고 행동을 멈추어 전기에 감전되지 않았다.

여기에 중요한 의문이 있다. 아이는 이번에는 당신의 말을 듣고 행동을 멈추었지만 다음에도 그럴까? 보장할 수 없다. 아이가 성장해서 어느 주식에 투자할지 망설이는 경우라면 충분히 다를 수 있다. 당신이 좋다고 생각한 종목이 아니라 인공지능이 좋다고 생각한 종목을 선택하기 쉽다. 투자금이 크면 클수록 인공지능의 생각을 따를 가능성이 크다. 투자 회사는 인공지능이 데이터를 검토하고 투자 대상을 선정한다. 투자의 세계는 이미 인공지능만 생각하고, 사람은 생각하지 않는 시대로 접어들었다. 사람은 깊이 생각하지 못하고 인공지능이 사람 대신 생각하는 시대는 이미 시작되었다.

인공지능만 생각하는 범위도 점점 늘어나고 있다. 인공지능의 지능이 높을수록 생각하는 범위가 넓어질 수 있지만, 범위가 넓다고 해서 반드시 인공지능의 지능이 높다는 말은 아니다. 사람 대신 인공지능이 생각하는 범위가 점점 더 넓어지는 이유는 사람에게 있다. 편하기 때문이다. 세무 상담을 하려면 세무사 대신 인공지능과 상담한다. 부동산에 가서 공인중개사와 상담하는 대신 부동산 시세를 판단하는 인공지능의 생각을 듣는다. 병이 생기면 인공지능에게 물어본다. 변호사보다 인공지능에게 법률 자문을 구한다. 세무사나 변호사 같은 사람 전문가의 생각을 들으려면 시간을 내서 찾아가 상담해야 한다. 그러나 인공지능의 생각은 스마트폰만 있으면 쉽게 들을 수 있다. 가격도 사람 전문가보다 훨씬 싸거나 거의 무료다. 시간이 지나면서 인공지능이 더 많이 학습하면 인공지능이 사람보다 더 적절하게 판단한다는 기대감도 커진다. 사람이 사람의 생각보다 인공지능의 생각을 더 따르기 시작했다.

한번 편리하다고 느끼면 인공지능이 없던 과거로 돌아가지 못한다. 서면 앉고 싶고 앉으면 눕고 싶은 게 사람 마음이다. 인공지능이 더 많이 보급될수록 사람은 인공지능이 더 넓은 범위에서 사람 대신 생각하도록 장려한다. 언제 어디서나 인터넷에 연결되는 시대로 변하면서 사람의 기억력이 퇴화했다는 이유도 한몫한다. 스마트폰이 생기고 전화번호를 기억하지 못하듯이 데이터를 쉽게 찾을 수 있으니 굳이 기억하려고 하지 않는다. 인공지능은 생각의 균형과 조화를 이루지 못한다는 사실을 알면서도 인공지능에 의존한다.

사람은 생각하는 능력이 떨어지고 창조적인 생각을 하지 못한다. 일상생활을 하든 사업을 하든 창의적인 생각을 하지 못하면 문제를 해결하기 어렵다. 만약 당신이 문제를 인식하고 창의적인 생각을 하고 싶다면, 그래서 일상생활이나 사업에서 문제를 극복하고 살아남고 싶다면 가장 먼저 해야 할 일이 있다. 생각하지 않는 습관을 버리고 미라클 씽킹을 새로운 습관으로 받아들여야 한다. 미라클 씽킹을 반복하면 당신이 생각하는 방식은 습관이 되고 습관은 인생을 바꾼다. 아무쪼록 본서에 소개한 미라클 씽킹을 습관으로 만들어 일상생활이든 사업이든 문제를 해결하고 원하는 목적을 달성하기 바란다.

Miracle Thinking

단순한 생각을 멋진 아이디어로

주

프롤로그. 미라클 씽킹, 균형과 조화를 이루게 하는 생각 습관

1. https://doi.org/10.1007/s10645-019-09339-9
2. https://gnso.icann.org/en/issues/new-gtlds/pdp-dec05-fr-parta-08aug07.htm
3. 2017年版科学技術白書

1장 좋은 생각은 습관에서 나온다

1. 하루 15분, 습관으로 뼈대를 만들라

1. https://the-owner.jp/archives/266
2. https://www.youtube.com/watch?v=0JQXoSmC1rs
3. https://www.mayooshin.com/first-principles-thinking/
4. https://www.youtube.com/watch?v=L-s_3b5fRd8
5. https://global.kyocera.com/inamori/management/amoeba/
6. https://www.orbitfab.com/
7. https://www.privateer.com/
8. https://www.omegawatches.com/stories/omega-returns-to-space

1. Mortimer J. Adler & Charles Van Doren, 《How to Read a Book: The Classic Guide to Intelligent Reading》, Touchstone, 1972

2. https://www.openculture.com/2021/05/where-to-read-leonardo-da-vincis-notebooks-online.html

3. https://edison.rutgers.edu/

4. https://edison.rutgers.edu/research/document-sampler/document-sampler-list/1875-to-do-list

5. https://www.nps.gov/edis/learn/historyculture/origins-of-sound-recording-edisons-path-to-the-phonograph.htm

6. Gould, R. Gordon. "The LASER, Light Amplification by Stimulated Emission of Radiation". In Franken, P.A.. The Ann Arbor Conference on Optical Pumping, the University of Michigan, June 15 through June 18, 1959. pp. 128.

7. https://www.nbcnews.com/news/world/einstein-manuscript-auction-paris-theory-relativity-rcna6430

8. https://www.science.org/doi/10.1126/science.275.5297.184

9. https://www.bbc.com/news/technology-18456746

10. https://cpb-us-w2.wpmucdn.com/sites.udel.edu/dist/6/132/files/2010/11/Psychological-Science-2014-Mueller-0956797614524581-1u0h0yu.pdf

11. https://www.science.org/doi/10.1126/science.183.4124.482

12. Sheena Iyengar, 《The Art of Choosing》, Twelve, 2011.

13. Miller, G. A. (1956). The magical number seven, plus or minus two: Some limits on our capacity for processing information. Psychological Review, 63(2), 81-97. https://doi.org/10.1037/

h0043158

14. https://www.cambridge.org/core/journals/behavioral-and-brain-sciences/article/magical-number-4-in-shortterm-memory-a-reconsideration-of-mental-storage-capacity/44023F1147D4A1D44BDC0AD226838496#

3 이름표, 생각에 이름을 붙이면 성장한다

1. https://www.osaruland.jp/tips/1745/
2. https://www.nasa.gov/mission_pages/lucy/overview/index
3. https://www.cmnh.org/lucy#:~:text=%E2%80%9CLucy%E2%80%9D%20is%20the%20nickname%20for,Donald%20Johanson.
4. https://www.iau.org/public/themes/naming/
5. https://stdict.korean.go.kr/main/main.do
6. https://www.korean.go.kr/front/etcData/etcDataView.do?mn_id=46&etc_seq=71

2장 생각의 틀을 깨고 균형을 맞춰라

4 1구 2언, 한 입으로 두말하라

1. http://www.csun.edu/science/ref/humor/dhmo.html
2. https://www.bbc.com/news/technology-40352868
3. https://www.elipariser.org/
4. https://edu.gcfglobal.org/en/digital-media-literacy/what-is-an-echo-chamber/1/
5. Edward Hunter, 《Brain-washing in Red China: The calculated

destruction of men's minds》, Vanguard Press, 1951

6. Adam Alter,《Irresistible: The Rise of Addictive Technology and the Business of Keeping Us Hooked》, Penguin Books, 2018

7. Damian Thompson,《The Fix》, Collins, 2012

8. https://psycnet.apa.org/record/1967-08061-000

9. https://www.npr.org/2009/08/04/111538587/robert-feldman-finding-the-liar-in-all-of-us

10. https://www.paulekman.com/deception/deception-detection/

11. https://www.mcgill.ca/edu-ecp/victoria-talwar

12. https://www.researchgate.net/publication/227618002_The_Nature_and_Effects_of_Young_Children's_Lies

13. https://www.csustan.edu/sites/default/files/groups/Writing%20Program/forgetting_curve.pdf

14. https://www.pnas.org/doi/10.1073/pnas.1218518109

15. 윤태성,《탁월한 혁신은 어떻게 만들어지는가》, 레인메이커, 2014.

16. 윤태성,《고객은 독이다》, 한국경제신문, 2016.

5   사분법, 생각의 방향을 확장하라

1. https://news.mit.edu/2011/miller-memory-0623

2. Gary P. Pisano and Roberto Verganti,〈Which kind of Collaboration is right for you〉, 2008, HBR

6   이미지, 핵심을 그려라

1. https://medium.com/@thesandylam/grow-your-design-system-from-good-to-great-e072086ed1a7

2. https://gnso.icann.org/en/issues/new-gtlds/pdp-dec05-fr-parta-

08aug07.htm

3. https://www.jstor.org/stable/1879431#metadata_info_tab_contents

7 연상, 생각과 생각을 잇는다

1. https://faculty.tuck.dartmouth.edu/kevin-lane-keller/
2. https://intelltheory.com/galton.shtml
3. https://www.obayashi.co.jp/en/news/detail/the_space_elevator_construction_concept.html

3장 미라클 씽킹, 창조적 생각의 조화를 만든다

8 질문법, 질문이 생각을 키운다

1. Hayley Birch, Mun Keat Looi, Colin Stuart, 《The Big Questions in Science: The Quest to Solve the Great Unknowns》, Andre Deutsch, 2014

2. https://www.newscientist.com/round-up/biggest-questions/

3. https://brilliant.org/wiki/fermi-estimate/

4. https://www.nytimes.com/2013/06/20/business/in-head-hunting-big-data-may-not-be-such-a-big-deal.html

5. Tom Eisenmann, 《Why Start-ups Fail》, HBR, May–June 2021

6. 윤태성, 《월급보다 내 사업》, 해의 시간, 2018

7. William A. Sahlman, 《How to Write a Great Business Plan》, HBR, July–August 1997

9   A3 생각법, 크기가 커질수록 창의성도 높아진다

1. https://www.nature.com/articles/s41586-022-04643-y
2. Fadnavis, S. & Najarzadeh, Amir & Badurdeen, Fazleena. (2020). An Assessment of Organizational Culture Traits Impacting Problem Solving for Lean Transformation. Procedia Manufacturing. 48. 31-42. 10.1016/j.promfg.2020.05.017.
3. Steve Blank, 《Why the Lean Start-Up Changes Everything》, HBR, May 2013.
4. https://kaizen-base.com/column/35004/
5. https://effec.jp/a3thinking
6. https://www.researchgate.net/figure/Toyotas-8-step-problem-solving-process-Dunn-2016_fig2_342407246

11   매트릭스, 창조적 생각 정리의 기술

1. 윤태성, 《한번은 원하는 인생을 살아라》, 다산북스, 2015
2. https://www.kipo.go.kr/ko/kpoContentView.do?menuCd=SCD0200271

에필로그. 인공지능만 생각하는 시대

1. https://www.bbc.com/korean/international-59807502

단순한 생각을 멋진 아이디어로 성장시키는

미라클 씽킹

초판 1쇄 인쇄 | 2023년 3월 21일
초판 1쇄 발행 | 2023년 3월 29일

지은이 | 윤태성
펴낸이 | 전준석
펴낸곳 | 시크릿하우스
주소 | 서울특별시 마포구 독막로3길 51, 402호
대표전화 | 02-6339-0117
팩스 | 02-304-9122
이메일 | secret@jstone.biz
블로그 | blog.naver.com/jstone2018
페이스북 | @secrethouse2018
인스타그램 | @secrethouse_book
출판등록 | 2018년 10월 1일 제2019-000001호

ⓒ 윤태성, 2023
ISBN 979-11-92312-41-5 03320